JÜRGEN BEHREND

Untersuchungen zur Stufenbaulehre Adolf Merkls und Hans Kelsens

Schriften zur Rechtstheorie

Heft 65

Untersuchungen zur Stufenbaulehre
Adolf Merkls und Hans Kelsens

Von

Dr. Jürgen Behrend

DUNCKER & HUMBLOT / BERLIN

CIP-Kurztitelaufnahme der Deutschen Bibliothek

Behrend, Jürgen

Untersuchungen zur Stufenbaulehre Adolf Merkls und Hans Kelsens. — 1. Aufl. — Berlin: Duncker und Humblot, 1977.
 (Schriften zur Rechtstheorie; H. 65)
 ISBN 3-428-03933-5

D 6
Alle Rechte vorbehalten
© 1977 Duncker & Humblot, Berlin 41
Gedruckt 1977 bei Buchdruckerei Bruno Luck, Berlin 65
Printed in Germany
ISBN 3 428 03933 5

Meinen Eltern

Vorwort

Diese Arbeit hat als Dissertation dem Fachbereich Rechtswissenschaft der Westfälischen-Wilhelms-Universität Münster vorgelegen.

Besonderen Dank schulde ich Herrn Prof. Dr. Achterberg für die Betreuung der Arbeit. Herrn Ministerialrat a. D. Prof. Dr. Broermann danke ich für die Aufnahme in seine Schriftenreihe.

Münster, im April 1977 *Jürgen Behrend*

Inhaltsverzeichnis

Einleitung 11

Teil 1

Die Stufenbaulehre Adolf Merkls

§ 1 Der Ausgangspunkt 13
    1. Das Verhältnis von Rechtsform und Rechtsinhalt 13
    2. Problemstellung und Material der Stufenbautheorie 15

§ 2 Der rechtliche Stufenbau unter dem Gesichtspunkt des Bedingungszusammenhanges 16
    1. Die Delegationsbeziehungen im Recht 16
    2. Das Idealrechtssystem 19
    3. Die realen Rechtssysteme 28
    4. Die Parallelität von Rechtserzeugung und Rechtsanwendung 30
    5. Der Erzeugungszusammenhang und die Selbsterzeugung des Rechts 32
    6. Das Verhältnis von Objektivität und Subjektivität im Rechtserzeugungsprozeß: die autonome Determinante 34

§ 3 Der rechtliche Stufenbau unter dem Gesichtspunkt der Derogation 36
    1. Die Derogation als nicht rechtswesenhafte Struktur eines Rechtssystems 36
    2. Das Rangverhältnis und die Gegenläufigkeit von Bedingungs- und Derogationszusammenhang 38

§ 4 Zusammenfassung 42

Teil 2

Die Integration der Stufentheorie in Hans Kelsens Reine Rechtslehre

§ 1 Der Stand der Rechtstheorie Kelsens vor Übernahme der Stufenbaulehre 49

§ 2 Die Rezeption der Stufenbautheorie Merkls in das System der Reinen Rechtslehre 52

§ 3 Die theoretischen Grundlagen der Stufenbautheorie im System der Reinen Rechtslehre: Disparität von Sein und Sollen, Grundnorm und autonome Determinante 55

    1. Überblick 55

    2. Die Disparität von Sein und Sollen 59

    3. Die Grundnormtheorie 64

        a) Die Grundnorm als hypothetische Geltungsgrundlage 64

        b) Das Effektivitätsproblem 69

        c) Die Grundnorm: Hypothese oder Fiktion? 79

        d) Schlußfolgerungen 81

§ 4 Die autonome Determinante und ihre Bedeutung im System der Reinen Rechtslehre 82

    1. Das Ermessen im Rechtserzeugungsprozeß 82

    2. Die Interpretation 84

    3. Konsequenzen aus der Strukturerkenntnis der autonomen Determinanten 87

§ 5 Zusammenfassung 93

Schluß 96

Literaturverzeichnis 100

Einleitung

Die von Adolf Merkl begründete Stufenbautheorie stellt ebenso wie die Reine Rechtslehre, deren Bestandteil sie ist[1], eine Strukturlehre des Rechtes dar. Sie ist das Ergebnis einer rechtlichen Strukturanalyse[2], deren Erkenntnisziel es vor allem ist, innerhalb der in den Rechtsordnungen gegebenen Fülle von Rechtserscheinungen diejenigen Strukturen und systematischen Zusammenhänge aufzuzeigen, die vom Begriff des Rechts vorgezeichnet sind und damit rechtswesenhaften Charakter aufweisen. Bezeichnenderweise stellt Merkl schon an den Anfang seiner ersten umfassenderen Arbeit zur Stufenbaulehre[3] eine Reflektion über das Verhältnis zwischen allgemeinen, zum Wesen jeder Rechtsordnung notwendig gehörenden Rechtsstrukturen und positivrechtlichen, bloß zufälligen, historisch-traditionell entstandenen Rechtsphänomenen[4]: „Es gibt kaum eine positivrechtliche Frage, hinter der sich nicht ein sogenanntes allgemeines Rechtsproblem verbergen würde. Den strengtheoretischen Naturen sind nun die Fragen des positiven Rechtes nur Anhaltspunkte, um an ihnen die Fragen der allgemeinen Rechtslehre aufzurollen und zu beantworten; so reduziert sich ihnen die positivrechtliche Frage, die dem das positive Recht erforschenden Spezialisten als Rechtsproblem vom höchsten Eigenwert erscheinen mag, auf einen bloßen Anwendungsfall seines ihn *eigentlich* berührenden allgemeinen Problems. Das positive Recht stellt dann bloß die Figuren bei, mit denen man den Streit um sogenannte allgemeine Rechtsprobleme ausficht[5]." Nicht die empirische Wirklichkeit, sondern das Wesen des rechtlichen Stufenbaus ist für Merkl von vorrangigem Interesse[6]. Dieses Anliegen der Stufenbaulehre, Erkenntnisse begriffswesentlicher Rechtsstrukturen zu gewinnen, weist damit denselben Problemansatz wie die Reine Rechtslehre Hans Kelsens auf: „... man kann schließlich,

---

[1] Vgl. dazu *Kelsen*, Hauptprobleme der Staatsrechtslehre, Vorrede zur 2. Auflage, S. XV, und: Adolf Merkl zu seinem siebzigsten Geburtstag, ÖZÖR 10 (1960), S. 313, wo er Merkl wegen des Beitrags der Stufenbautheorie ausdrücklich als Mitbegründer der Reinen Rechtslehre anerkennt.

[2] *Merkl*, Prolegomena einer Theorie des rechtlichen Stufenbaues, in: Die Wiener Rechtstheoretische Schule (im folgenden abgekürzt: WRS), S. 1311.

[3] *Merkl*, Die Unveränderlichkeit von Gesetzen — ein normlogisches Prinzip (Erscheinungsjahr 1917).

[4] Zu dieser Fragestellung auch *Merkl*, Die Lehre von der Rechtskraft, S. 208 f.

[5] *Merkl*, Die Unveränderlichkeit von Gesetzen, WRS S. 1079.

[6] *Merkl*, Prolegomena, WRS S. 1317.

gestützt auf eine Vergleichung aller als ‚Recht' angesprochenen Phänomene, das Wesen des Rechtes überhaupt, seine typische Struktur, und zwar unabhängig von dem wechselnden Inhalt, untersuchen, den das Recht zu verschiedenen Zeiten und an verschiedenen Orten angenommen hat. Das ist die Aufgabe einer allgemeinen, d. h. nicht auf eine besondere Rechtsordnung oder besondere Rechtsnormen beschränkten Rechtslehre. Sie hat die spezifische Methode und die Grundbegriffe zu bestimmen, mit denen jedes beliebige Recht geistig erfaßt und beschrieben werden kann; und liefert so die theoretische Grundlage für jede auf ein besonderes Recht oder besondere Rechtsinstitutionen gerichtete Betrachtung. Eine solche *allgemeine Rechtslehre* will die Reine Rechtslehre sein[7]."

Dementsprechend erfordert jede Beschäftigung mit der Stufenbautheorie, sich ständig dieser ihrer eigentlichen Fragestellung bewußt zu sein, um nicht in den Fehler zu verfallen, auch solche Ausführungen Merkls und Kelsens als Aussagen über allgemeingültige rechtswesenhafte Strukturen zu mißdeuten, die in Wirklichkeit nur als beispielhafte und erklärende Beschreibungen anhand besonderer positivrechtlicher Rechtserscheinungen intendiert sind.

Das Interesse der vorliegenden Arbeit gilt dabei ausschließlich den Erkenntnissen der Stufenlehre bezüglich begriffswesentlicher Rechtsstrukturen. Neben einer eingehenden Darstellung und Untersuchung der in der Stufenbautheorie aufgezeigten Normsystematik soll vor allem im zweiten Teil auch der Frage nachgegangen werden, in welchem Maße das Gesamtsystem der Reinen Rechtslehre und die Stufentheorie miteinander zusammenhängen.

---

[7] *Kelsen*, Was ist die Reine Rechtslehre?, WRS S. 611.

Teil 1

Die Stufenbaulehre Adolf Merkls

§ 1: Der Ausgangspunkt

1. Das Verhältnis von Rechtsform und Rechtsinhalt

Merkls Strukturanalyse geht aus von der Erkenntnis, daß eine Rechtsordnung aus der Summe der in ihr enthaltenen Rechtsnormen gebildet wird; die einzelne Rechtsnorm erscheint als der kleinste Teil des Rechtsganzen[8]. Unter einer Rechtsnorm bzw. einem Rechtssatz[9] versteht Merkl in Übernahme der Lehre Kelsens[10] ein „hypothetisches Urteil über einen bedingten Willen des Staates zu einem bestimmten eigenen Verhalten"[11], wobei die gewollte Handlung des Staates in der Setzung eines Zwangsaktes als Unrechtsfolge besteht[12]. Bezogen auf die genetische Funktion der Rechtsnorm im systematischen Zusammenhang einer Rechtsordnung sind für Merkl all diejenigen Staatsakte als Rechtsnormen qualifiziert, die Entstehungs- und Geltungsvoraussetzung für mögliche weitere Staatsakte sein können[13]. Als Staats- bzw. Rechtsakte kommen dabei nicht nur Rechtsnormen in Frage, sondern ebenso die Vollzugsakte, die den in den Rechtsnormen bloß hypothetisch geäußerten Willen des Staates zu einer bestimmten Sanktion als tatsäch-

---

[8] *Merkl*, Die Lehre von der Rechtskraft, S. 202.

[9] Die Begriffe „Rechtssatz" und „Rechtsnorm" werden von Merkl noch synonym gebraucht. Um terminologische Mißverständnisse auszuschließen, sei schon hier auf Kelsens später eingeführte Differenzierung hingewiesen: als „Rechtsnorm" wird die von einer rechtserzeugenden staatlichen Autorität ausgehende sanktionsbewehrte Anordnung bezeichnet. Unter den Begriff des Rechtssatzes dagegen faßt Kelsen die von der Rechtswissenschaft vorzunehmende Beschreibung einer Rechtsnorm. Vgl. General Theory of Law and State, S. 45 (Unterscheidung zwischen der „prescriptive legal norm" und der „descriptive legal rule" bzw. „rule of law"); Reine Rechtslehre, 2. Auflage, S. 59; dazu ferner *Walter*, Der gegenwärtige Stand der Reinen Rechtslehre, in: Rechtstheorie, 1. Band (1970), S. 86; *Achterberg*, Kelsen und Marx, in: Politik und Kultur, Band 2 (1975), S. 41. Im weiteren Verlauf der vorliegenden Abhandlung wird diese neuere Terminologie Kelsens zugrundegelegt. Soweit Ausführungen Merkls wörtlich wiedergegeben werden, ist zu beachten, daß auch bei Verwendung des Begriffes „Rechtssatz" sinngemäß der Begriff „Rechtsnorm" gemeint ist.

[10] *Kelsen*, Hauptprobleme der Staatsrechtslehre, S. 202.

[11] *Merkl*, Rechtskraft, S. 202 Fn. 1.

[12] *Merkl*, Prolegomena, WRS S. 1325, 1332 ff.

[13] *Merkl*, Die Lehre von der Rechtskraft, S. 218/219.

liche Ausführung des Zwangsaktes beinhalten. Merkl bezieht diesen Bereich der letzten Vollzugsakte ausdrücklich in den Zusammenhang eines Rechtssystems mit ein und beschreibt ihn als Sphäre der Inkongruenz der Begriffe Rechtsnorm und Rechtserscheinung[14]. Die Rechtserscheinung des Vollzugsaktes normiert im Gegensatz zur Rechtsnorm zwar keine weiteren Rechtsakte. Da Merkl aber im Anschluß an Kelsen die Zwangsnatur einer Rechtsordnung als im Rechtsbegriff begründet ansieht, weil die Rechtsnormen mit der Möglichkeit, nicht befolgt zu werden, rechnen müssen und im Rechtsverfahren deshalb ein Stadium der Zwangsanwendung vorgesehen sein muß[15], so unterliegt es für ihn keinem Zweifel, daß auch die Vollzugsakte Bestandteile der jeweiligen Rechtsordnung sind[16]. In diesem Zusammenhang weist er darauf hin, daß die Bezeichnung dieser Rechtserscheinungen als „rein tatsächliche Akte" falsch sei, da eine solche Benennung zu Unrecht „auf völlige rechtliche Irrelevanz" hinweise[17].

Der Begriff einer Rechtsordnung, wie ihn Merkl seiner Strukturanalyse zugrunde legt, ist also zusammenfassend zu definieren als eine Summe zusammenhängender Rechtserscheinungen. Dabei ist der Begriff der Rechtserscheinung Oberbegriff für Rechtsnormen und tatsächliche, d. h. selbst nicht mehr normierende Vollzugsakte[18].

Die Untersuchung des Verhältnisses von Form und Inhalt des Rechts läßt Merkl zu der Einsicht gelangen, daß „das Recht ... eine Summe nicht bloß materiell, sondern auch formell differenzierter Rechtssätze" ist[19]. Dabei entspreche einer „schier unerschöpflichen Zahl an Rechtsinhalten ... eine, wenngleich viel beschränktere Zahl an Rechtsformen ..."[20]. Die inhaltliche Differenzierung von Rechtsnormen sieht Merkl als im Wesen des Rechtes begründet an, denn eine Rechtsordnung, die allein aus einem einzigen Rechtsnorminhalt besteht, sei kaum denkbar, geschweige denn zu verwirklichen[21]. Das ist zutreffend: mehrere Nor-

---

[14] *Merkl*, Rechtskraft, S. 219.
[15] *Merkl*, Prolegomena, WRS S. 1320/1321.
[16] *Merkl*, Rechtskraft, S. 219.
[17] *Merkl*, Rechtskraft, S. 219.
[18] *Merkl*, Rechtskraft, S. 218 Fn. 1. Angesichts dieser eindeutigen Aussagen Merkls erledigt sich auch der Einwand gegen die Stufenbaulehre, sie erschöpfe den Kreis der rechtlich relevanten Akte nicht, weil sie die Vollzugsakte nicht erfasse, vgl. *Nawiasky*, Allgemeine Rechtslehre, S. 46 ff. Auch Walters Erwiderung darauf, die Stufentheorie gliedere eben nur das Recht, vgl. *Walter*, Der Aufbau der Rechtsordnung, 2. Auflage, S. 56 Fn. 100, ist deshalb nicht zutreffend: zwar gliedert die Stufentheorie nur das Recht, dabei sieht sie aber gerade auch die Vollzugsakte als notwendige Bestandteile eines Rechtssystems an.
[19] *Merkl*, Rechtskraft, S. 207.
[20] *Merkl*, Prolegomena, WRS S. 1311.
[21] *Merkl*, Prolegomena, WRS S. 1311.

§ 1: Der Ausgangspunkt

men gleichen Inhalts sind eben sinnlos und damit dem Wesen einer Rechtsordnung fremd. Dagegen sieht Merkl in der formellen Differenzierung von Rechtsnormen eine nicht rechtswesentliche, sondern bloß historisch zufällige Erscheinung. Es ist für ihn ausschließlich die jeweilige positive Rechtsordnung, die darüber entscheidet, welche Arten und welche Anzahl unterschiedlicher Rechtsformen sie verwendet. Diese Erkenntnis einer bloß endlichen Anzahl von Rechtsformen gegenüber der begriffswesentlichen Unerschöpflichkeit von Rechtsinhalten einer Rechtsordnung ist grundsätzlich in sich widerspruchsfrei, „denn Einheit der Form und Unendlichkeit des Inhalts schließen einander nicht aus"[22].

Von besonderer Bedeutung für das Verhältnis zwischen Rechtsform und Rechtsinhalt ist dabei die Einsicht Merkls, daß die Form eines Rechtsaktes vom Rechtsbegriff her gesehen über den Inhalt dieses Aktes nicht das Geringste aussagt: „Im Gegenteil pflegt jeder einzelnen Rechtssatzform jedweder Rechtsinhalt zugänglich zu sein und beschränkt sich der Unterschied der Rechtssätze verschiedener Form auf Formunterschiede[23]." Daraus ergibt sich folgende Konsequenz: soweit sich in einer bestimmten Rechtsordnung aus der einzelnen Rechtsform besondere Anforderungen an die jeweiligen Rechtsinhalte ergeben — die Rechtsform des Gesetzes etwa wird üblicherweise als Form zur Aufnahme genereller, für eine unbestimmte Vielzahl von Fällen geltender Norminhalte angesehen[24] —, handelt es sich bei solchen Verknüpfungen von Rechtsform und Rechtsinhalt ausschließlich um positivrechtlich bedingte Erscheinungen. Keinesfalls bringen sie begriffswesentliche Strukturen des Rechtes zum Ausdruck[25].

2. Problemstellung und Material der Stufenbautheorie

Als Aufgabe der Stufenbaulehre bezeichnet es Merkl, das logische Verhältnis der einzelnen differenzierten Rechtserscheinungen zu bestimmen[26]. Angesichts der Unerschöpflichkeit von Rechtsinhalten ge-

---

[22] Vgl. *Merkl*, Prolegomena, WRS S. 1311. Problematisch ist diese Auffassung aber insofern, als sie frühere Ausführungen Merkls über eine rechtliche Grundstruktur mit einem begriffsnotwendigen Minimum an Rechtsformen nicht zu berücksichtigen scheint, vgl. unten Teil 1, § 2, 2. Auch im Hinblick auf diese rechtliche Idealstruktur behält die obige Aussage ihre Gültigkeit aber für den über das rechtswesenhafte Formenminimum hinausgehenden positivrechtlichen Formenpluralismus.
[23] *Merkl*, Prolegomena, WRS S. 1313.
[24] *Merkl*, Prolegomena, WRS S. 1320 ff.
[25] Diesem Verständnis der Beziehung zwischen Rechtsform und Rechtsinhalt entspricht der von *Achterberg*, Kriterien des Gesetzesbegriffs unter dem Grundgesetz, in: DÖV 1973 S. 289 ff. (297) vertretene „offene" Gesetzesbegriff.
[26] *Merkl*, Die Lehre von der Rechtskraft, S. 214.

genüber der nur begrenzten Anzahl von Rechtsformen zieht er zur Gewinnung von rechtlichen Strukturerkenntnissen nur die verschiedenen Rechtsformen in Betracht. Die Frage, auf welche Weise eine Analyse und Ordnung der Fülle von Rechtserscheinungen vorgenommen werden kann, stellt Merkl dementsprechend nur in bezug auf die formelle Verschiedenheit der Rechtsakte: die Problemstellung der Stufenbautheorie ergibt sich aus dem in der Rechtswirklichkeit vorzufindenden Formenpluralismus[27]. Dabei unterscheidet Merkl bei dieser Frage nach dem logischen Verhältnis der Rechtsformen zwei Problemkreise: wie bestehen verschiedene Rechtsakte nebeneinander (statische Fragestellung) und wie entstehen sie auseinander (dynamische Fragestellung)[28].

Angesichts der Feststellung, daß der in der Rechtswirklichkeit regelmäßig vorhandene Formenpluralismus nicht rechtswesenhaft, sondern nur positivrechtlich zufällig ist, bedarf noch die Frage einer Erläuterung, welche Art von Rechtsordnungen Gegenstand der Merklschen Strukturanalyse sind, denn „nur in der zufälligen geschichtlichen Realisierung des Rechtes tritt uns das Material entgegen, das möglicherweise Gegenstand unserer Strukturanalyse sein kann"[29]. Merkl wählt als positivrechtliches Material die Rechtsformen unter dem Gesichtspunkt ihrer Zugehörigkeit zu einer bestimmten Staatsform aus, da einer bestimmten Staatsform auch jeweils bestimmte, durch sie charakterisierte Rechtsformen zugehören. Zum Kriterium der Materialauswahl bestimmt er dabei die Staatsform parlamentarisch-demokratischer Rechtsstaaten[30].

§ 2: Der rechtliche Stufenbau unter dem Gesichtspunkt des Bedingungszusammenhanges

1. Die Delegationsbeziehungen im Recht

Die Antwort auf die Frage nach den logischen Beziehungen der Reihe von Rechtsformen einer positiven Rechtsordnung ergibt sich für Merkl aus der Erkenntnis des Bedingungszusammenhangs zwischen den einzelnen differenzierten Rechtserscheinungen. Seine Vorstellung, eine Rechtsordnung als Stufenbau verschiedener Rechtsformstufen zu deuten, gründet sich dabei auf die Auffassung, daß der Zusammenhang zwischen den unterschiedlichen Rechtsakten einer Rechtsordnung als ein genetisches Verhältnis beschrieben werden kann, indem jeder Akt eines Rechtssystems die Voraussetzung seiner Entstehung und Geltung

---
[27] *Merkl*, Prolegomena, WRS S. 1314; vgl. auch *Walter*, Der Aufbau der Rechtsordnung, S. 53; *Öhlinger*, Der Stufenbau der Rechtsordnung, S. 11.
[28] *Merkl*, Prolegomena, WRS S. 1314.
[29] *Merkl*, Prolegomena, WRS S. 1314.
[30] *Merkl*, Prolegomena, WRS S. 1314 ff.

§ 2: Stufenbau und Bedingungszusammenhang

in einem anderen, demselben Rechtssystem angehörenden Rechtsakt findet[31].

Nachdem Merkl zunächst auf die Bedingtheit der Gesetzes- durch die sie bedingende Verfassungsstufe hinweist[32], erklärt er bald den Bedingungszusammenhang zur „dem Recht so kongenialen Delegationsvorstellung" überhaupt[33]: nicht nur zwischen Verfassungs- und Gesetzesnormen erkennt Merkl einen solchen genetischen Bedingungszusammenhang, sondern sämtliche Rechtsakte bis hinunter zum letzten Vollzugsakt einer Rechtsaktreihe weisen ebenfalls das Verhältnis einander bedingender und voneinander bedingter Akte auf[34]. Die einzelnen Rechtsakte werden dabei durch diese gegenseitigen Delegationsbeziehungen zu einer einheitlichen Rechtsordnung zusammengeschlossen[35]: „Die bedingten Akte können nur dann und darum in das zu konstruierende Rechtssystem einbezogen werden, weil zwischen ihnen und einem zweifelsfrei diesem System angehörigen Akte eine Einheitsbeziehung besteht. Diese Einheitsbeziehung besteht darin, daß der bedingte Akt den in einem anderen Akte aufgestellten Bedingungen seines Zustandekommens entspricht[36]." Dabei ist eine Rechtsnorm bedingend, wenn sie die Voraussetzung der Entstehung und Geltung von Rechtsakten einer anderen Form enthält, wenn sie also Ursprung andersförmiger Rechtsakte ist[37]. Die Bedingtheit eines Rechtsaktes besteht dementsprechend darin, daß er seinen Ursprung in einer andersförmigen Norm hat. Mit diesem Bedingungs- oder Delegationszusammenhang als logischem Ordnungs- und Ableitungskriterium läßt sich in statischer Hinsicht das Verhältnis von typischen Rechtsformen einer parlamentarisch-rechtsstaatlich ausgestalteten Rechtsordnung — Verfassung[38], Gesetz, Rechtsverordnung und Verwaltungsvorschrift, privates und öffentliches Rechtsgeschäft —[39] in der Weise beschreiben, daß bei-

---

[31] Zur Besonderheit der Merklschen Stufenbaulehre — auch gegenüber älteren Vorstellungen einer Rechtsquellenhierarchie — vgl. den Überblick bei *Öhlinger*, Der Stufenbau der Rechtsordnung, S. 9 ff.
[32] *Merkl*, Die Unveränderlichkeit von Gesetzen, WRS S. 1089.
[33] *Merkl*, Das doppelte Rechtsantlitz, WRS S. 1095.
[34] *Merkl*, Prolegomena, WRS S. 1317; 1339.
[35] *Merkl*, Das Problem der Rechtskontinuität und die Forderung des einheitlichen rechtlichen Weltbildes, WRS S. 1273.
[36] *Merkl*, Prolegomena, WRS S. 1336.
[37] *Merkl*, Prolegomena, WRS S. 1339.
[38] Der Ausdruck „Verfassung" meint in diesem Zusammenhang eine positive, d. h. gesetzte Verfassung im Unterschied zur Verfassung im rechtslogischen Sinne, der Grund- oder Ursprungsnorm, vgl. unten Teil 2, § 3 a.
[39] *Merkl*, Die Lehre von der Rechtskraft, S. 213; Prolegomena, WRS S. 1314 ff. Die Hinfälligkeit der Unterscheidung zwischen privatem und öffentlichem Rechtsgeschäft, die sich als Konsequenz aus der Stufenbaulehre ergibt, vgl. dazu *Merkl*, Prolegomena, WRS S. 1357 f., hatte zuvor schon *Kelsen*, Zur Lehre vom öffentlichen Rechtsgeschäft, in: AöR 31 (1913), S. 53 ff., dargelegt.

spielsweise die Verfassung bedingend für das Zustandekommen eines Gesetzes ist, wobei das Gesetz durch die Verfassung bedingt ist, indem diese die Voraussetzungen für das Entstehen und die Geltung des Gesetzes enthält. Rechtsnormen in der Form des Gesetzes können bedingend sein für Verordnungen, Gerichtsurteile oder Verwaltungsakte, wobei diese wiederum durch das Gesetz bedingt sind, da sie in ihm ihre Entstehungsvoraussetzungen finden[40].

Eine der wesentlichen Leistungen dieses Konzeptes, eine Rechtsordnung als ein System von untereinander durch Delegationsbeziehungen verbundenen Akten zu begreifen, liegt darin, daß Merkl mit ihm den Weg zur Erkenntnis der Rechtsqualität auch der untergesetzlichen Akte freilegt: Gesetz und Verfassung unterscheiden sich nur graduell, nicht aber essentiell hinsichtlich ihrer Rechtsqualität von den Rechtsverordnungen, den Verwaltungs- und Justizakten und den privaten Rechtsgeschäften. All diesen Rechtserscheinungen ist gemeinsam, daß sie die Voraussetzungen ihrer Entstehung und Geltung untereinander weitergeben und voneinander ableiten. Die Auffassung Merkls führt damit zur Überwindung einer die Rechtsbasis willkürlich einengenden Betrachtungsweise, die nur die Formen des Verfassungs-, Gesetzes- und Gewohnheitsrechts als zur Aufnahme von Rechtsnorminhalten geeignet ansieht und als Rechtsquellen monopolisiert[41]. Erblickt man demgegenüber mit Merkl als Kriterium für die Rechtsqualität eines Aktes seinen Bedingungszusammenhang mit einer bestimmten Rechtsordnung, und definiert man dementsprechend als Rechtsnormen sämtliche Akte, die Voraussetzung für weitere Rechtsakte sind[42], so erscheint als Konsequenz die Gesetzesebene nur als „Durchgangs- und Entwicklungsstadium"[43] im Gesamtbereich der Rechtserscheinungen. Wo die zweidimensionale Vorstellung eines Rechtssystems mit seiner vermeintlichen Einzigartigkeit der Gesetzesebene als Rechtsquellenbereich den Rechtscharakter der untergesetzlichen Rechtserscheinungen verhüllt[44], da ermöglicht die Delegationskonzeption Merkls die Konstruktion einer dreidimensionalen Rechtshierarchie, die der komplizierten Wirklichkeit moderner Staats- und Rechtsordnungen gerecht zu werden vermag[45].

---

[40] *Merkl*, Die Lehre von der Rechtskraft, S. 216.
[41] *Merkl*, Rechtskraft, S. 195.
[42] Vgl. oben Teil 1, § 1, 1 und § 2, 1.
[43] *Merkl*, Das Recht im Lichte seiner Anwendung, WRS S. 1169, 1171 f.
[44] *Merkl*, Die Lehre von der Rechtskraft, S. 173.
[45] *Merkl*, Rechtskraft, S. 204; Merkl weist in diesem Zusammenhang auf Bülow, Haenel und Bierling als Vorläufer seiner Stufenbautheorie hin, vgl. Rechtskraft, S. 182 ff., wobei die Genannten aber noch kein geschlossenes System entwickeln, sondern sich auf die Herausarbeitung von Teilaspekten beschränken. Ihr Hauptverdienst liegt, wie Merkl richtig anmerkt, in der „Destruktion der bisher unangefochtenen Position des Gesetzes im Rechtssystem", Rechtskraft, S. 203.

2. Das Idealrechtssystem

Wenn Merkl in den ‚Prolegomena' das Phänomen der formellen Differenzierung in einer Rechtsordnung als nicht rechtswesenhaft, sondern als nur zufällig, von der jeweiligen positivrechtlichen Ausgestaltung abhängig bezeichnet[46], so dürfen dabei diejenigen Strukturerkenntnisse Merkls in seinen früheren Arbeiten nicht übersehen werden, die ihn zu der Annahme eines rechtsnotwendigen Minimums von Rechtsformen, und zwar eines rechtswesenhaften Formendualismus, geführt hatten, auf den sich der traditionelle Pluralismus der Rechtsformen jeder positiven Rechtsordnung zurückführen lasse[47]. In diesen früheren Arbeiten zur Stufenbaulehre legt Merkl dar, daß es durch fortgesetzte Generalisierung der in einer Rechtsordnung anzutreffenden Rechtsformen gelinge, aus einem „jeweilig positivrechtlich erreichten Maximum an Rechtsformen, denen eine mehr oder minder große Zahl positivrechtlicher zufälliger Rechtsgestalten zugehört, ein Minimum wesentlicher Rechtsformen ..., ohne die ein Rechtssystem undenkbar ist", zu finden[48]. An anderer Stelle führt er dazu aus: „Man kann notwendige und mögliche Glieder der Rechtshierarchie unterscheiden. Es gibt ein Minimum, aber kein Maximum an Rechtserscheinungen. Keine Rechtsordnung ist denkbar, die nicht mindestens zwei Rechtsgestalten aufwiese ...[49]." Diesen rechtswesenhaften Formendualismus bezeichnet Merkl als „Idealstruktur des Rechtsformensystems" gegenüber der traditionellen „Realstruktur" eines Rechtssystems[50]. Das Verhältnis zwischen einem realen Rechtsformensystem und der rechtlichen Idealstruktur beschreibt er anschaulich in folgender Weise: „Dieses vom Rechtsbegriff her vorgezeichnete Schema, das von jedem positiven Rechte nachgezeichnet werden muß, darüber hinaus allerdings so reichlich ausgeschmückt werden kann, daß das Gerippe notwendiger Rechtsformen durch das Rankwerk bloß möglicher Rechtsformen fast bis zur Unkenntlichkeit verdeckt wird, setzt sich aus einer Ursprungsnorm und aus einer Vielzahl von dieser Ursprungsnorm abgeleiteter Normen, die untereinander alle einförmig sein können, zusammen[51]." Die Idealstruktur des Rechts bedeutet also nicht, daß sie ein Aliud gegenüber den realen, d. h. positiven Rechtssystemen wäre. Vielmehr verwendet Merkl den Begriff des Idealrechtssystems zur Kennzeichnung

---

[46] Vgl. oben Teil 1, § 1, 1 Fn. 22.
[47] *Merkl*, Das doppelte Rechtsantlitz, WRS S. 1095 ff.; Gesetzesrecht und Richterrecht, WRS S. 1618 ff.; Die Lehre von der Rechtskraft, S. 210 ff.; vgl. auch *Öhlinger*, Der Stufenbau der Rechtsordnung, S. 12 f.
[48] *Merkl*, Die Lehre von der Rechtskraft, S. 208.
[49] *Merkl*, Gesetzesrecht und Richterrecht, WRS S. 1618.
[50] *Merkl*, Die Lehre von der Rechtskraft, S. 215 f.
[51] *Merkl*, Rechtskraft, S. 209.

der in jeder Rechtsordnung notwendig enthaltenen Grundstruktur: Ideal- und Realrechtsstruktur stehen begrifflich zueinander im Verhältnis zweier konzentrischer Kreise.

Auch die Frage, ob der Bedingungszusammenhang von Rechtserscheinungen verschiedener Form als rechtswesenhafte Struktur erkannt werden kann, oder ob es sich bei ihm nur um ein historisch traditionelles, nicht begriffsnotwendiges Strukturphänomen handelt, findet ihre Antwort in den Aussagen über die ideale Grundstruktur der Rechtssysteme. Bereits in dieser rechtlichen Idealstruktur erkennt Merkl eine Spaltung des Rechtsformensystems in eine bedingende und eine bedingte Rechtsform: die Struktur der „Zweiheit einer bedingenden und bedingten Rechtserscheinung" bezeichnet er ausdrücklich als eine unvermeidlich im Idealsystem des Rechtes vorhandene rechtswesenhafte Gestaltung[52]. Die Rechtswesenhaftigkeit des Bedingungszusammenhangs kommt auch in den ‚Prolegomena' zum Ausdruck, in denen Merkl von einem „Urtypus der Aktbeziehungen im Rechtssystem" spricht, der darin besteht, „daß die verschiedenen geschichtlich verwirklichten Rechtssatzformen in einer Rechtssatzform ihren gemeinsamen Ursprung haben müssen, daß also zwischen den Akten, in denen die verschiedenen Rechtssatzformen beschlossen sind, das Verhältnis eines bedingenden und bedingter Akte bestehen muß"[53]. In der Idealrechtsstruktur tritt dabei für Merkl der Bedingungszusammenhang in der Weise in Erscheinung, daß sie „einerseits eine bloß bedingende Norm, andererseits eine Mehrzahl bloß bedingter Normen" aufweist; es sind dies zum einen die Ursprungsnorm, zum anderen die untereinander einförmigen, von der Ursprungsnorm unmittelbar abgeleiteten Normen: diese beiden Rechtsstufen in ihrer Alternativität als entweder rein bedingend oder rein bedingt nennt Merkl „die Pole der Rechtswelt"[54]. Die Konzeption der rechtlichen Idealstruktur mit den Erkenntnissen der Rechtswesenhaftigkeit des Bedingungszusammenhangs und des begriffsnotwendigen Minimums an Rechtsformen macht zugleich deutlich, worin der eigentliche Sinngehalt der Stufenbaumetapher besteht: „Der skizzierte reine einfache Bau des Rechtssystems weist zugleich auch schon jene ... logische Struktur auf, nämlich die Zweiheit einer bedingenden und bedingten Rechtserscheinung, die man im Bilde als Hierarchie einer höheren und niederen Rechtserscheinung oder in einem anderen Bilde als Stufenfolge bezeichnen kann. Die hierarchische Struktur ist mithin dem Rechte wesentlich: schon das einfachste,

---

[52] *Merkl*, Rechtskraft, S. 210.
[53] *Merkl*, Prolegomena, WRS S. 1336.
[54] *Merkl*, Die Lehre von der Rechtskraft, S. 215 f.; die Ursprungsnorm ist für Merkl identisch mit der Kelsenschen Grundnorm als der „Verfassung im rechtslogischen Sinne", Rechtskraft, S. 209 Fn. 1; vgl. oben Teil 1, § 2, 1.

§ 2: Stufenbau und Bedingungszusammenhang

auf seine unvermeidlichen Bestandteile zurückgeführte Rechtsformensystem ist zweigliedrig und zugleich zweistufig[55]."

Dabei weist Merkl darauf hin, daß nicht erwartet werden könne, ein Idealrechtssystem ohne weitere formelle Differenzierung der Rechtsinhalte in der Rechtswirklichkeit vorzufinden. Die Existenz einer Rechtsordnung, die nicht über den Minimalbestand des idealen Rechtsformendualismus hinausgehe, sei allenfalls denkbar in einem auf primitiver Stufe stehenden Rechts- und Sozialsystem, dessen Ursprungsnorm etwa beinhalte: „Verhaltet euch gemäß den Befehlen eures Anführers", und in dem die aus dieser Ursprungsnorm abgeleiteten Normen immer nur in der einen Form, nämlich der des Anführerbefehls, erscheinen[56]. An anderer Stelle erinnert Merkl an die Idealvorstellung des platonischen Richterkönigs, der ungebunden durch präformiertes Recht nach seinem besten Wissen Recht setzt[57].

Merkl begründet die Rechtswesenhaftigkeit des Rechtsformendualismus und des Bedingungszusammenhanges vor allem damit, daß er es zu einer theoretischen Notwendigkeit erklärt, zwischen der Mehr- und Vielzahl von Rechtsformen, wie sie in der Rechtswirklichkeit vorgegeben sind, eine Einheitsbeziehung herzustellen: „Soll das Chaos von Rechtsgestalten als eine Summe zusammengehöriger Erscheinungen, mit einem Worte als Rechtssystem, als ein rechtlicher Kosmos gedeutet werden können, dann muß diesem Chaos ein delegierendes Prinzip nicht etwa bloß subintelligiert, dann muß es vielmehr als Ausfluß eines gemeinsamen Ursprunges erkannt werden[58]." Überprüft man diese Begründung aber auf ihre Tragfähigkeit, so erscheint sie für sich allein gesehen nicht ausreichend, die von Merkl behauptete Rechtswesenhaftigkeit eines formendualistischen Idealrechtssystems mit seiner vom Bedingungszusammenhang gekennzeichneten hierarchischen Struktur zu erweisen. Die theoretische Notwendigkeit, eine Einheitsbeziehung zwischen einer Mehr- und Vielzahl von Rechtserscheinungen herzustellen, ist ja gerade die der Stufenbautheorie zugrundeliegende Problemstellung. Diese von Merkl behauptete theoretische Notwendigkeit kann jedoch nicht bereits selbst die Begründung des Erkenntniszieles seiner Strukturanalyse sein. Derselbe Zirkelschluß findet sich auch an anderer Stelle: „Keine Rechtsordnung ist denkbar, die nicht mindestens zwei Rechtsgestalten aufwiese; andernfalls könnte ja nicht von einer Rechtshierarchie gesprochen werden, die jeder Rechtsordnung im-

---

[55] *Merkl*, Rechtskraft, S. 210; ebenso: Gesetzesrecht und Richterrecht, WRS S. 1618.
[56] *Merkl*, Die Lehre von der Rechtskraft, S. 209, Fn. 2.
[57] *Merkl*, Das doppelte Rechtsantlitz, WRS S. 1096; Gesetzesrecht und Richterrecht, WRS S. 1619.
[58] *Merkl*, Die Lehre von der Rechtskraft, S. 210.

manent ist[59]." Und später scheint Merkl dann seine Konzeption einer rechtlichen Idealstruktur selbst zu übergehen, wenn er in den ‚Prolegomena' lapidar feststellt: „Es ist wenigstens denkbar, daß sich die inhaltlich mannigfaltigste Rechtsordnung mit einer einzigen Rechtssatzform bescheidet...[60]."

Denkbarkeit eines Rechtssystems mit nur einer einzigen Rechtsnormform: damit wäre in der Tat die Einsicht in die Rechtswesenhaftigkeit der zumindest zweistufigen Rechtsformenhierarchie als unzutreffend erkannt. Es erscheint indes nicht so ohne weiteres ausgemacht, ob deshalb tatsächlich Merkls Vorstellung eines Idealrechtssystems mit einer rechtswesenhaften Zweistufenhierarchie, wie sie in den Arbeiten ‚Gesetzesrecht und Richterrecht' und ‚Die Lehre von der Rechtskraft' dargelegt ist, als unhaltbar und aufgegeben anzusehen ist. Die Diskrepanz zwischen den genannten Arbeiten und den ‚Prolegomena' ist nämlich vor allem darauf zurückzuführen, daß hier Merkls Blickrichtung gegenüber den früheren Abhandlungen modifiziert ist. Seine Ausführungen in den ‚Prolegomena' vermitteln weithin den Eindruck, das Merkl von vornherein hier fast ausschließlich die Realstruktur der Rechtsordnungen parlamentarisch-rechtsstaatlicher Prägung ins Auge faßt. Bezeichnend dafür ist, daß die Ursprungsnorm als die eine der beiden begriffswesentlichen Normformen, aus der die zweite rechtswesenhafte Stufe der einförmigen abgeleiteten Rechtsakte hervorgeht, in den ‚Prolegomena' kaum mehr Beachtung findet. Hier spricht Merkl nur noch von einer Rechtsnormform, die gemeinsamer Ursprung für die verschiedenen positivrechtlich verwirklichten Rechtsformen sein müsse. Auf den besonderen Charakter dieser Ursprungsnorm geht er — im Gegensatz zu seinen vorangegangenen Arbeiten — nicht ein[61]. Auch sieht Merkl in den ‚Prolegomena' den Grund für die formelle Differenzierung der Rechtsakte vor allem unter empirischen Gesichtspunkten: nämlich in ihrer Bedingtheit durch eine zunehmende Komplizierung der Rechtserzeugung in kulturell fortgeschrittenen Staats- und Regierungsformen, in denen die Setzung und Ausgestaltung der verschiedenen Rechtsinhalte in einem arbeitsteiligen Rechtsschöpfungsverfahren erfolge[62]. Das Idealrechtssystem als begriffswesentliches Fundament und Ausgangspunkt der jeweiligen Realrechtssysteme bleibt weitgehend unerwähnt. Von Bedeutung ist in diesem Zusammenhang außerdem, daß Merkl in den ‚Prolegomena' nicht nur die Staatsform des parlamentarischen Rechtsstaates zum Kriterium der Materialauswahl seiner Strukturanalyse wählt[63], sondern damit zugleich auch das

---

[59] *Merkl*, Gesetzesrecht und Richterrecht, WRS S. 1618.
[60] *Merkl*, Prolegomena, WRS S. 1312; vgl. oben Teil 1, § 1, 1 Fn. 22.
[61] Vgl. *Merkl*, Prolegomena, WRS S. 1336.
[62] *Merkl*, Prolegomena, WRS S. 1312.
[63] Vgl. oben Teil 1, § 1, 2.

§ 2: Stufenbau und Bedingungszusammenhang 23

Feld der möglichen Strukturerkenntnisse auf den Bereich von Rechtsordnungen, die dieser Staatsform zugehören, beschränkt: „Für die im folgenden entwickelte Reihe der Rechtssatzformen wird ... nicht eine alle Staaten ergreifende Regelmäßigkeit, sondern Regelmäßigkeit nur für die Staaten einer bestimmten Staatengruppe in Anspruch genommen[64]." Diese Aussage bezieht sich zwar unmittelbar nur auf die Auffindung und Analyse einer statischen Reihe von Rechtsformen, wie sie in den genannten Staats- bzw. Rechtsordnungen angetroffen werden. Inwieweit Merkl aber, wie in früheren Ausführungen[65], seine Erkenntnisse in den ‚Prolegomena' als allgemeine, schlechthin für jede Rechtsordnung gültige Aussagen über rechtswesenhafte Strukturen verstanden wissen will, wird nicht recht deutlich, Merkl bleibt in diesem Punkt vage und eher ausweichend: „Andererseits soll damit über den strukturellen Charakter anderer Staatsrechtsordnungen, insbesondere über die Möglichkeit, ja Wirklichkeit des rechtlichen Stufenbaus bei Herrschaft anderer Staatsformen nicht abgesprochen werden[66]."

Die solcherart modifizierte Erkenntnisrichtung Merkls ist unlängst treffend von Öhlinger erkannt und analysiert worden. Öhlinger weist darauf hin, daß Merkl beispielsweise die Begriffe Gesetzgebung, Verwaltung und Rechtsprechung nicht anhand einer konkreten Rechtsordnung, sondern am typischen Modell eines Staates mit parlamentarischen Einrichtungen entwickelt[67]. Wenngleich Merkl auch fortgesetzt betone, die positivrechtlich verwirklichten Rechtsformen bzw. Rechtsstufen seien nicht rechtswesenhaft, so gewännen seine Aussagen über die einzelnen Rechtsstufen wie Gesetzgebung und Vollziehung doch eine eigene, zur Beschreibung sowohl von rechtswesenhaften als auch von positivrechtlich konkreten Strukturen unterschiedliche Bedeutung: „Gesetzgebung und Vollziehung sind demnach weder rechtstheoretische Begriffe, noch Begriffe einer konkreten Rechtsordnung, sondern nehmen eine eigenartige Zwischenstellung ein: sie sind *idealtypische Begriffe* — durchaus im Sinne Max Webers —, die dazu dienen, die Komplexität der Rechtsordnung eines Staates der Gegenwart übersichtlich zu ordnen und bildhaft darzustellen und so durchschaubar und verstehbar zu machen[68]." Diese Variante der Merklschen Stufenbaulehre als eines Stufenbaus nicht rechtswesenhafter idealtypischer Rechtsstufen — von Öhlinger als „Stufenbau der Staatsfunktionen"

---

[64] *Merkl*, Prolegomena, WRS S. 1316.
[65] Vgl. die Einleitung.
[66] *Merkl*, Prolegomena, WRS S. 1316.
[67] *Öhlinger*, Der Stufenbau der Rechtsordnung, S. 30.
[68] *Öhlinger*, Der Stufenbau der Rechtsordnung, S. 30.

bezeichnet[69] — ist es, die in den ‚Prolegomena' im Vordergrund steht, während die früheren Arbeiten Merkls sich demgegenüber vorrangig um allgemeine, nicht bloß idealtypische, sondern für den Rechtsbegriff wesentliche Strukturerkenntnisse bemühen. Damit löst sich aber das Problem des genannten Widerspruchs, daß Merkl einerseits eine den Anspruch auf Allgemeingültigkeit erhebende Idealrechtsstruktur mit einem Minimum an formeller Differenzierung des Rechtes konzipiert, und auf der anderen Seite die begriffliche Notwendigkeit einer formellen Differenzierung der Rechtsakte verneint: letztere Aussage gilt eben nur für den Bereich idealtypischer Rechtsformen einer bestimmten Staatsform, erstere dagegen ist in ihrer Beschreibung des Idealrechtssystems als rechtlicher Grundstruktur eine allgemeine rechtstheoretische Aussage, die über den in den ‚Prolegomena' angesprochenen bloß idealtypischen Bereich hinausreicht[70].

Wenn auch Merkl die Erkenntnisse seiner früheren Arbeiten bezüglich einer rechtswesenhaften Idealstruktur der Rechtsordnungen in seinen ‚Prolegomena' nicht wieder aufnimmt, so sind es gleichwohl Ausführungen in dieser Abhandlung, die geeignet erscheinen, als Begründung der Rechtswesenhaftigkeit des idealrechtlichen Formenminimums zu dienen. Merkl weist hier nämlich — allerdings in einem anderen als dem hier unmittelbar interessierenden Zusammenhang — darauf hin, daß alle diejenigen Sollordnungen auch bei inhaltlich mannigfaltigster Differenzierung mit einer einzigen Normform auskommen, welche, wie zum Beispiel Moral- und Sittenordnungen, nicht eine Anwendung ihrer Normen postulieren[71]. Demgegenüber ist es aber das spezifische Charakteristikum jeder Rechtsordnung, schon rein begrifflich nicht ohne eine Anwendung der in ihr konstituierten Normen auskommen zu können: eine Rechtsordnung, die auf die Anwendung der in ihren Normen statuierten Zwangsakte[72] verzichtete und damit die Befolgung des von den Rechtsnormen verlangten Verhaltens allein in das Belieben der Rechtsunterworfenen stellte, wäre sinnlos und würde das Recht als eigenständige Sollordnung überhaupt überflüssig

---

[69] *Öhlinger*, Der völkerrechtliche Vertrag, S. 61 ff.

[70] Da die vorliegende Arbeit sich ausschließlich mit den rechtswesenhaften Erkenntnissen der Stufenbaulehre auseinandersetzen will, kann sie Merkls Ausführungen über die idealtypischen Rechtsformen insoweit unberücksichtigt lassen, als sie sich nicht auf den Bereich begriffswesentlicher Rechtsstrukturen beziehen.
Wegen dieser Unterscheidung zwischen rechtswesenhaften Strukturerkenntnissen und solchen, die sich nur mit den für eine bestimmte Staatsform typischen Rechtsformen beschäftigen, erscheint Walters Meinung zweifelhaft, einer Beschäftigung mit der Stufenlehre müsse der zuletzt in Merkls ‚Prolegomena' erreichte Stand zugrundegelegt werden, vgl. *Walter*, Der Aufbau der Rechtsordnung, S. 53 Fn. 92.

[71] *Merkl*, Prolegomena, WRS S. 1312.

[72] Vgl. oben Teil 1, § 1, 1.

erscheinen lassen. Merkl kommt zu diesem Ergebnis aufgrund der Überlegung, daß dem Sollen einer Rechtsordnung keineswegs immer ein faktisches Sein in der sozialen Wirklichkeit, auf deren Regelung sich die Rechtsnormen beziehen, entspreche. Vielmehr erhalte eine Rechtsordnung ihren Sinn erst aus der potentiell oder tatsächlich bestehenden Diskrepanz zwischen beiden Bereichen[73]. Und so kehrt auch in den ‚Prolegomena' der Gedanke einer begrifflichen Mehrstufigkeit des Rechtes letztlich wieder: „Ein Stadium des Rechtsverfahrens, das durch die bedingte Willenserklärung zur Zwangsanwendung gekennzeichnet ist, muß allerdings ebenso notwendig erachtet werden, als die Zwangsanwendung selbst[74]."

Zusammenfassend läßt sich somit die Vorstellung einer rechtlichen Idealstruktur mit ihrem Minimum an Rechtsformen begründen aus der begriffsnotwendigen Trennung zwischen der Androhung der rechtlichen Zwangsakte einerseits und der tatsächlichen Vollziehung dieser Zwangsakte andererseits: denn hieraus folgt, daß eine Rechtsordnung niemals einstufig sein kann, sondern mindestens zwei Rechtsstufen enthalten muß. Ebenso ergibt sich aus dieser Begründung die Erkenntnis der Rechtswesenhaftigkeit des Bedingungszusammenhanges: denn enthält die eine der beiden rechtswesenhaften Rechtsstufen den hypothetischen Willen des Staates zu einer Sanktion als Unrechtsfolge[75], so normiert sie damit zugleich die Bedingungen, unter denen der Zwangsakt gesetzt werden soll. Dieser ihrer bedingenden Eigenschaft entspricht begriffsnotwendig die Eigenschaft des Bedingtseins der den Zwangsakt aufnehmenden Rechtsstufe tatsächlicher Vollziehung. Damit erweist der Bedingungszusammenhang außerdem seine theoretische Unverzichtbarkeit als Kriterium der Zugehörigkeit eines hinsichtlich seiner rechtlichen Geltung fraglichen Einzelaktes zur Gesamtheit einer Rechtsordnung: nur die Überprüfung, ob der fragliche Akt der einen Stufe den in der anderen Stufe enthaltenen Bedingungen seiner Entstehung und Geltung entspricht, entscheidet über das Bestehen der Einheitsbeziehung von Einzelakten und Gesamtrechtssystem[76].

Die aus der begriffsnotwendigen Trennung von Androhung und Vollzug der Zwangsakte gewonnene Begründung einer notwendig zweistufigen Rechtshierarchie, die Grundstruktur jeder Rechtsordnung ist, wirft allerdings eine weitere, von Merkl auch in seinen früheren Arbeiten zur Stufenbautheorie offenbar nicht erkannte Komplikation auf. Denn einerseits führt Merkl aus, die rechtliche Idealstruktur mit ihren hinsichtlich des Bedingungszusammenhanges alternativ rein bedingen-

---

[73] *Merkl*, Prolegomena, WRS S. 1320.
[74] *Merkl*, Prolegomena, WRS S. 1320.
[75] Vgl. oben Teil 1, § 1, 1.
[76] Vgl. dazu weiter unten Teil 2, § 3, 3 a.

den und rein bedingten Rechtsstufen als die Pole jeder Rechtsordnung werde gebildet aus der Ursprungsnorm und den von ihr einförmig abgeleiteten Normen[77]. Andererseits bezeichnet Merkl als die zwei notwendigen Rechtsstufen die Stufen der absoluten Rechtserzeugung und der absoluten Rechtsanwendung[78]. Die Stufe absoluter Rechtsanwendung kann im Hinblick darauf, daß Merkl auch die Akte des tatsächlichen Zwangsvollzuges als zum System einer Rechtsordnung notwendig zugehörend betrachtet[79], aber nur dieser Bereich der tatsächlichen Vollziehung sein. Es ist deshalb unzutreffend, wenn Merkl in seiner ‚Lehre von der Rechtskraft' annimmt, die Rechtsstufe der rein bedingten Rechtsakte enthalte die aus der Ursprungsnorm einförmig abgeleiteten Normen[80]. Auf der anderen Seite kommt die Konzeption einer rechtswesenhaften Idealstruktur nicht ohne die Stufe der aus der Ursprungsnorm abgeleiteten Rechtsnormen aus. Denn beschränkt sich der Inhalt der Ursprungsnorm ausschließlich auf die Einsetzung bzw. Voraussetzung der zur Rechtsetzung berufenen Institutionen[81], so steht damit zwar ihre Eigenschaft als rein bedingende Stufe absoluter Rechtserzeugung im Idealrechtssystem fest. Begrifflich wäre es aber gar nicht möglich und zudem sinnlos, das Idealrechtssystem nur als aus einer ansonsten inhaltsleeren obersten Kompetenznorm und der Rechtsstufe der tatsächlichen Zwangsakte bestehend vorzustellen. Vielmehr ist eine dritte Rechtsstufe unverzichtbar, die zur Aufnahme der den hypothetischen Willen des Staates zur Setzung von Zwangsakten enthaltenden Normen bestimmt ist[82]. Die von Merkl in seinen Arbeiten zur idealen Grundstruktur des Rechtes als zweiter Pol des Idealrechtssystems beschriebene Rechtsstufe der aus der Ursprungsnorm einförmig abgeleiteten Normen wird damit zum rechtswesenhaften Mittelglied der rechtlichen Idealstruktur: als Stufe ideal einförmiger Normierung des hypothetischen Staatswillens steht sie zwischen der Ursprungsnorm und dem Bereich der tatsächlichen Vollzugsakte, sie ist die mediatisierende Rechtsform zwischen den Stufen absoluter Rechtserzeugung und absoluter Rechtsanwendung. Als Konsequenz folgt aus dieser Einsicht die Notwendigkeit einer Korrektur des Merklschen Idealrechtssystems: das begriffsnotwendige Minimum an formeller Differenzierung in einer Rechtsordnung besteht nicht aus lediglich zwei, sondern aus drei Rechtsformen. Die von der positivrechtlichen Ausgestaltung konkreter

---

[77] Vgl. oben Teil 1, § 2, 2.
[78] *Merkl*, Das doppelte Rechtsantlitz, WRS S. 1092, 1097.
[79] Vgl. oben Teil 1, § 1, 1.
[80] *Merkl*, Die Lehre von der Rechtskraft, S. 216.
[81] Zur Grundnorm vgl. unten Teil 2, § 3, 3 a.
[82] Diese Notwendigkeit einer zwischen Ursprungsnorm und Vollzugsakt mediatisierenden Normstufe kommt eindeutig in den ‚Prolegomena' zum Ausdruck, vgl. dazu *Merkl*, Prolegomena, WRS S. 1320.

§ 2: Stufenbau und Bedingungszusammenhang

Rechtsordnungen abstrahierende Idealrechtsstruktur weist statt des von Merkl angenommenen Dualismus notwendiger Rechtsstufen eine rechtswesenhafte Formentrias auf: Ursprungsnorm, abgeleitete Normen und Vollzugsakte stellen den Minimalbestand jedes Rechtssystems dar.

Die theoretische Notwendigkeit endlich, daß die Ursprungsnorm unverzichtbarer Bestandteil dieser Idealrechtsstruktur ist, ergibt sich dabei allerdings aus einem anderen als dem bisher angeführten Grunde der begrifflichen Trennung von Androhung und Anwendung der Rechtssanktionen. Diese Begründung trägt nur die Einsicht, daß das Recht niemals einförmig sein kann, und daß die Stufe der absoluten Rechtsanwendung von den Zwangsvollzugsakten in ihrer Eigenschaft als nicht mehr normative Enderscheinungen eingenommen wird. Die Ursprungs- oder Grundnorm findet dagegen ihre theoretische Begründung nicht mehr in den Arbeiten Merkls, sondern wird aus der Reinen Rechtslehre Kelsens übernommen[83]. Daß die Ursprungsnorm dabei von Merkl zu Recht als die rechtswesenhafte Stufe der absoluten Rechtserzeugung an die Spitze jeder Rechtshierarchie gestellt wird, folgt letztlich — ebenso wie die These der Grundnorm selbst als einer hypothetischen obersten Geltungsgrundlage —[84] aus einem der wesentlichen Grundaxiome der Reinen Rechtslehre: aus dem Grundsatz der Disparität von Sein und Sollen. Stimmt man nämlich Kelsen darin zu, daß aus der Aussage, etwas soll sein, nicht folgen kann, daß etwas tatsächlich ist, und daß daraus, daß etwas ist, nicht gefolgert werden kann, daß etwas sein soll[85], und gibt man zu, daß dieses Disparitätsaxiom mit logisch-verstandesmäßigen Mitteln jedenfalls nicht widerlegbar ist[86], so folgt daraus zwingend, daß die Rechtsnormen selbst in der idealen Einförmigkeit der von Merkl beschriebenen Ableitungsnormen nicht denkbar sind ohne zumindest eine weitere Normform, aus der sie ihre Geltung und Entstehungsvoraussetzungen herleiten. Aus der Disparitätsthese ergibt sich somit die Erkenntnis, daß die Geltungsgrundlage einer Norm immer nur wieder eine andere Norm sein kann[87]: und in dieser Funktion, nämlich letzte, oberste Geltungsgrundlage aller von ihr bedingten Rechtserscheinungen zu sein, gehört die Ursprungs- oder Grundnorm theoretisch unverzichtbar zur idealen Grundstruktur jeder Rechtsordnung.

---

[83] Vgl. *Merkl*, Hans Kelsens System einer reinen Rechtstheorie, WRS S. 1248, 1249; Die Lehre von der Rechtskraft, S. 209 Fn. 1.
[84] Vgl. dazu unten Teil 2, § 3, 3 a.
[85] Vgl. *Kelsen*, Reine Rechtslehre, 2. Aufl. S. 55.
[86] Dazu vor allem *Klug*, Die Reine Rechtslehre von Hans Kelsen und die formallogische Rechtfertigung der Kritik an dem Pseudoschluß vom Sein auf das Sollen, in: Law, State, and International Legal Order. Essays in Honor of Hans Kelsen, 1964, S. 155 ff.
[87] Vgl. unten Teil 2, § 3, 2.

3. Die realen Rechtssysteme

Gegenüber dem Idealrechtssystem als der rechtswesenhaften Grundstruktur ist ein auf ihm aufbauendes reales Rechtssystem dadurch gekennzeichnet, daß in ihm eine Zerdehnung des formellen Minimalbestandes zu einem von den jeweiligen historischen und politischen Gegebenheiten abhängigen Formenpluralismus erfolgt[88]. Die soziologische Ursache einer solchen Zerdehnung sieht Merkl darin, daß mit einer fortschreitenden Kultur- und Rechtsentwicklung Organisation und Arbeitsteilung ihren Einzug in die Rechtswirklichkeit halten[89]. Dabei entspreche dann der historischen und sozialen Bedingtheit der Differenzierungsmotive — so vor allem die Eröffnung eines Anteils an der Rechtserzeugung für bestimmte soziale Schichten, Einführung einer organisatorischen Arbeitsteilung in den Rechtserzeugungsprozeß[90] — die jeweilige positivrechtliche Ausgestaltung der verschiedenen mehr oder minder vielfältigen Rechtsformen[91]. Die Einheitsbeziehung der formell unterschiedlichen Rechtsformen in einer positiven Rechtsordnung resultiert daraus, daß sie Ausfluß eines gemeinsamen Ursprungs sind[92]. Der gemeinsame Ursprung ist dabei im realen Rechtssystem identisch mit der Grundnorm der Idealrechtsstruktur, entsprechend ihrer Funktion als Geltungsfundament und Ausgangspunkt aller Rechtserzeugung. Auf diese Weise kann ein reales Rechtssystem als Zerdehnung der rechtlichen Idealstruktur aufgefaßt werden. Dabei kommt die Ursprungsnorm selbst aber nicht als Objekt einer formellen Differenzierung in Betracht. Denn sie beschränkt sich auf die Einsetzung der Rechtsetzungsautorität und ist deshalb begrifflich schon ihrem Inhalt nach immer nur singulär. Damit ist aber auch ihre Einförmigkeit endgültig und rechtsnotwendig festgelegt, denn es wäre offensichtlich sinnlos, für einen einzigen Rechtsinhalt verschiedene Rechtsformen denken zu wollen. Angesichts dieser unabdingbaren Einförmigkeit der Ursprungsnorm fungiert als Objekt der formellen Differenzierung in einem positiven Rechtssystem die Rechtsstufe der Ableitungsnormen[93], die Mittelstufe der idealrechtlichen Formentrias. Diese Differenzierung der Rechtsformen geht dabei für Merkl in zwei deutlich unterscheidbaren Richtungen vor sich: in horizontaler Richtung entstehen neben der einen ursprünglich abgeleiteten Rechtsform in Gleichordnung weitere unterschiedliche Rechtsformen, in vertikaler Richtung werden neue Rechtsformen in gegenseitiger Über- und Unterordnung

---
[88] *Merkl*, Die Lehre von der Rechtskraft, S. 211.
[89] *Merkl*, Prolegomena, WRS S. 1312.
[90] *Merkl*, Die Lehre von der Rechtskraft, S. 214.
[91] *Merkl*, Prolegomena, WRS S. 1312.
[92] *Merkl*, Die Lehre von der Rechtskraft, S. 210.
[93] *Merkl*, Rechtskraft, S. 211.

gewonnen[94]. Das System von Rechtsnormformen in einer fortgeschrittenen Rechtskultur baut sich demnach statisch gesehen sowohl aus einer mehrstufigen über- und untergeordneten als auch aus einer mehrgliedrigen gleich- und nebengeordneten Reihe von Rechtsnormformen auf[95]. Für die Rechtsordnungen parlamentarisch-rechtsstaatlicher Ausgestaltung erscheinen so als die wichtigsten Glieder der Reihe von Rechtsformen die positivrechtliche Verfassung, das Gesetz, die Rechtsverordnung ebenso wie die Verwaltungsvorschrift[96], die Justiz- und Verwaltungsakte als die öffentlichen Rechtsgeschäfte und die Privatrechtsgeschäfte[97]. Für diese Beispielsreihe typischer Rechtsformen einer durch eine bestimmte Staatsform geprägten Rechtsordnung sei nochmals darauf hingewiesen, daß es sich hierbei nicht um rechtswesenhafte Normformen handelt. Jede dieser aufgezählten historisch und politisch zufälligen, bloß möglichen Rechtsformen ist theoretisch entbehrlich, veränderbar und ersetzbar. Es ist allein eine Frage der Formenökonomie und der jeweiligen rechtspolitischen Situation, welche Art und welches Ausmaß die formelle Differenzierung in einer konkreten positiven Rechtsordnung annimmt[98].

Dem geschilderten Zuwachs an positivrechtlichen Rechtsformen entspricht eine Komplizierung der Bedingungs- und Ableitungszusammenhänge im realen gegenüber dem idealen Rechtssystem. Der Bedingungszusammenhang als „Urtypus der Aktbeziehungen im Rechtssystem"[99] kann in einer positiven Rechtsordnung „in beliebigen Komplikationen auftreten"[100]. Ein jeweiliger realer „zum Ausgangspunkt genommene(r) Akt kann die Bedingung für eine Mehrzahl anderer Akte und selbst für eine Mehrzahl von Akttypen sein, wie etwa die Verfassung die Bedingung für Verfassungsgesetze, einfache Gesetze, selbständige Verordnungen, Staatsverträge usw., ist. Jeder dieser Akttypen kann seinerseits wiederum die Bedingung für weitere Akttypen, wie Gerichtsurteile, generelle und individuelle Verwaltungsakte usw., sein[101]." Die

---

[94] *Merkl*, Die Lehre von der Rechtskraft, S. 211.
[95] *Merkl*, Rechtskraft, S. 211.
[96] Die Auffassung, daß das Problem der Verwaltungsvorschriften nicht in der Frage nach ihrer Rechtsnormqualität, sondern nach ihrer vorhandenen oder fehlenden Außenwirkung besteht, wird zutreffend vertreten von *Rupp*, Grundfragen der heutigen Verwaltungsrechtslehre, bes. S. 11 ff., und *Achterberg*, Kriterien des Gesetzesbegriffs unter dem Grundgesetz, S. 298. *Öhlinger*, Der Stufenbau der Rechtsordnung, S. 10, weist dabei völlig richtig darauf hin, daß Merkls Konzeption die Diskussion in der BRD über die Rechtsnatur der Verwaltungsvorschriften als bloßes Scheinproblem erweist.
[97] *Merkl*, Prolegomena, WRS S. 1319 ff.
[98] *Merkl*, Prolegomena, WRS S. 1311.
[99] *Merkl*, Prolegomena, WRS S. 1336.
[100] *Merkl*, Prolegomena, WRS S. 1336.
[101] *Merkl*, Prolegomena, WRS S. 1336.

in einem realen Rechtssystem vorzufindenden Rechtsformen, die sowohl gleich- und nebengeordnet als auch einander untergeordnet sein können, weisen dementsprechend sowohl Koordinations- als auch Subordinationsbeziehungen auf[102]. In bezug gesetzt zum logischen Bedingungsverhältnis der verschiedenförmigen Rechtserscheinungen ist für Merkl eine Koordinationsbeziehung gegeben, wenn zwei Rechtsakte sich so zueinander verhalten, daß sie beide gemeinsam durch eine Rechtsnorm eines anderen Typus bedingt sind. Dagegen liegt eine Subordinationsbeziehung vor, wenn die Entstehung eines Rechtsaktes bedingt ist durch eine genetisch-logisch vorgeordnete Rechtsnorm anderer Form[103].

4. Die Parallelität von Rechtserzeugung und Rechtsanwendung

Die hier vorgeschlagene Erweiterung des Formenminimums im Merklschen Idealrechtssystem von einem Formendualismus zu einer Formentrias[104] hat zur Konsequenz, daß in ihm der Bedingungszusammenhang nicht nur, wie Merkl aufgrund seiner formendualistischen Konzeption annimmt, in der Alternativität einer rein bedingenden und einer rein bedingten Rechtsstufe erscheint[105], sondern daß die mediatisierende Stufe der Ableitungsnormen hinsichtlich des Bedingungszusammenhanges mehrdeutig ist. Sie ist zugleich bedingt durch die Ursprungsnorm als auch bedingend für die tatsächlichen Vollzugsakte. Ihrer Eigenschaft als Differenzierungsobjekt, als Ausgangspunkt der formellen Zergliederung und Ausdehnung der idealrechtlichen Grundstruktur zu einem realen Rechtssystem entspricht eine ebensolche Mehrdeutigkeit des Bedingungsverhältnisses der positivrechtlichen Normen und Rechtserscheinungen untereinander. Während die notwendigen Rechtsstufen der Grundnorm und der Vollzugsakte in ihrer reinen Alternativität als nur bedingend bzw. bedingt ein Rechtssystem abgrenzen und abschließen, haben alle Zwischenglieder einer positiven Rechtsordnung — ebenso wie die als ihr Differenzierungsobjekt fungierende Ableitungsnormstufe — von der gesetzten Verfassung abwärts bis hin zum individuellen Rechtsgeschäft hinsichtlich ihrer Eigenschaft als bedingend oder bedingt eine „januskopfartige Doppelnatur"[106], indem jedes Zwischenglied einer positiven Rechtsformenreihe sowohl durch eine andersförmige Rechtsnorm bedingt als auch selbst wieder für eine andersförmige Rechtserscheinung bedingend ist[107]. So ist zum

---
[102] Vgl. oben Teil 1, § 2, 3.
[103] *Merkl*, Die Lehre von der Rechtskraft, S. 215.
[104] s. o. Teil 1, § 2, 2.
[105] *Merkl*, Die Lehre von der Rechtskraft, S. 215 f.
[106] *Merkl*, Die Lehre von der Rechtskraft, S. 216.
[107] Vgl. auch unten Teil 1, § 4.

§ 2: Stufenbau und Bedingungszusammenhang 31

Beispiel ein Gesetz bedingt durch Verfassungsnormen, während es zugleich selbst bedingend für Verordnungen, Gerichtsurteile oder Verwaltungsakte sein kann[108]. Diese Doppelnatur der Rechtsnormen in den Rechtsordnungen führt Merkl zu einer weiteren Erkenntnis von entscheidender Bedeutung: der Einsicht in die „durchgängige Parallelität der sogenannten Rechtserzeugung und Rechtsanwendung oder -vollziehung im ganzen stufenförmigen Ablauf der Rechtserscheinungen"[109]. Zwar ist die Kongruenz zwischen den Bereichen Rechtserzeugung und Rechtsanwendung nicht vollständig: denn weder entsteht die Ursprungsnorm in Anwendung einer anderen Norm — ihrem Wesen nach ist sie gerade der letzte Geltungsgrund jedweden delegierten Rechtes — noch erzeugt der Vollzugsakt als Enderscheinung einer Rechtsformenreihe weiteres Recht[110]. Sämtliche anderen, zwischen Ursprungsnorm und Vollzugsakt als die Stufen absoluter Rechtserzeugung bzw. absoluter Rechtsanwendung eingeschobenen Rechtsakte aber präsentieren sich sowohl als Rechtsanwendung als auch als Rechtserzeugung, „das Recht ... zeigt ... ein doppeltes Antlitz"[111]. Soweit eine Rechtsnorm bedingend für die Entstehung einer anderen Rechtserscheinung ist, wirkt sie rechtserzeugend. Umgekehrt entsteht die bedingte Rechtserscheinung immer in Anwendung einer anderen, logisch-genetisch vorgeordneten Norm[112]. In dieser sich auf die geschilderte Ambivalenz des Bedingungszusammenhanges gründenden Erkenntnis Merkls wird zugleich die bloße Relativität der im parlamentarisch-demokratischen Rechtsstaat üblichen Trennung von Legislative und Exekutive deutlich: vielmehr laufen grundsätzlich im gesamten Rechtsschöpfungs- und Rechtsanwendungsprozeß Legislativ- und Exekutivfunktionen parallel[113]. Rechtsanwendung und Rechtserzeugung unterscheiden sich nur durch „die verschiedene Betrachtungsweise derselben Erscheinung"[114]: so stellt sich die Erzeugung eines Gesetzes unter dem Gesichtspunkt der seine Entstehung bedingenden Verfassung als Rechtsanwendung dar, während die Setzung eines Justiz- oder Verwaltungsaktes wiederum nur in Anwendung des ihn bedingenden Gesetzes erfolgen kann[115]. Die Funktionentrennung erscheint im System der Stufenbautheorie somit nicht als rechtswesenhaftes, sondern bloß als ein von der jeweiligen positivrechtlichen Ausgestaltung abhängiges Strukturelement moderner

---
[108] Vgl. oben Teil 1, § 2, 3.
[109] *Merkl*, Rechtskraft, S. 217/218; Prolegomena, WRS S. 1347.
[110] *Merkl*, Die Lehre von der Rechtskraft, S. 218 f.; Prolegomena, WRS S. 1348.
[111] *Merkl*, Das doppelte Rechtsantlitz, WRS S. 1097.
[112] *Merkl*, Die Lehre von der Rechtskraft, S. 217.
[113] *Merkl*, Die Rechtseinheit des österreichischen Staates, WRS S. 1139.
[114] *Merkl*, Das Recht im Lichte seiner Anwendung, WRS S. 1185/1186.
[115] *Merkl*, Die Lehre von der Rechtskraft, S. 218.

Staats- und Rechtsordnungen: denn da im Prozeß der Rechtsschöpfung „immer wieder Recht von bloß anderer Rechtsform zur Entstehung gelangt, wird freilich die Gliederung jenes Prozesses in eine ein- oder mehrstufige Etappe der Rechtserzeugung und eine fortsetzungsweise ebenfalls ein- oder mehrstufige Etappe der Rechtsanwendung unhaltbar und die durchgängige Parallelität der sogenannten Rechtserzeugung und Rechtsanwendung oder -vollziehung im ganzen stufenförmigen Ablauf der Rechtserscheinungen einleuchtend..."[116].

Diesen schrittweisen Prozeß der gleichzeitigen Rechtserzeugung und Rechtsanwendung deutet Merkl zugleich als Konkretisierung und Individualisierung des Rechtes. In formeller Hinsicht individualisieren sich die Rechtsnormen von Stufe zu Stufe der jeweiligen Rechtsordnung, indem sie sich in Richtung auf einen bestimmten regelungsbedürftigen Einzelfall hin entwickeln. Dabei wird der Rechtsinhalt von seiner abstrakten Ausgestaltung in den höheren Rechtsstufen mehr und mehr konkretisiert, bis schließlich die Stufe des tatsächlichen Zwangsvollzugsaktes erreicht ist[117].

5. Der Erzeugungszusammenhang und die Selbsterzeugung des Rechts

Die bisherigen Ausführungen zu den von Merkl aus seiner Strukturanalyse gewonnenen Erkenntnissen bezogen sich gleichermaßen auf eine statische als auch auf eine dynamische Betrachtung der Rechtsstrukturen. Der Bedingungszusammenhang von Rechtserscheinungen oder die Charakterisierung einer bestimmten Rechtsstufe als Rechtserzeugung oder Rechtsanwendung haben ihre Bedeutung sowohl für die Erklärung des statischen Verhältnisses der verschiedenförmigen Rechtserscheinungen zueinander als auch für die Einsicht in die dynamische Entwicklung eines Rechtssystems. Diesen begrifflichen Gemeinsamkeiten zwischen statischer und dynamischer Betrachtungsweise trägt Merkls Feststellung Rechnung, daß der Statik der einzelnen Rechtsstufen eine Dynamik etappenweiser Rechtserzeugung entspreche[118]. Das spezifisch dynamische Strukturelement im Rechtsschöpfungsprozeß erblickt Merkl im Erzeugungszusammenhang: „Zwischen bedingender und bedingter Rechtserscheinung besteht ... notwendig ein Erzeugungszusammenhang in dem Sinne, daß der bedingte Akt nicht bloß immer erst nach dem bedingenden, sondern auch *aus* dem bedingenden Akte erzeugt wird. Die Summe der bedingenden Akte

---

[116] *Merkl*, Rechtskraft, S. 217/218.
[117] *Merkl*, Rechtskraft, S. 221; Prolegomena, WRS S. 1348 f.
[118] *Merkl*, Die Lehre von der Rechtskraft, S. 217.

§ 2: Stufenbau und Bedingungszusammenhang

sind das Material, aus dem der bedingte Akt gestaltet wird ...[119]." Dieser Erzeugungszusammenhang, von Merkl im Anschluß an Kelsen auch als Erzeugungsregel bezeichnet[120], führt zugleich zur Einsicht in die sogenannte Selbsterzeugung des Rechtes. Merkl führt dazu aus, daß jede Rechtsordnung nicht nur Regeln menschlichen Verhaltens aufweise, sondern dabei auch solche Normen, die für die Art und Weise der Erzeugung dieser Verhaltensregeln maßgebend sind. Eine Rechtsordnung bestehe also nicht nur aus materiellem, sondern auch aus formellem Recht. Die formellen, die Erzeugung des Rechts regelnden Vorschriften seien dabei aus einem Rechtssystem nicht hinwegzudenken, denn die „logische Geschlossenheit und Undurchdringlichkeit" jeder Rechtsordnung als eines Systems von Normen erfordere, daß die Umbildung und Weiterentwicklung einer bestehenden Rechtsordnung nur nach ihr immanenten Rechtsnormen vor sich gehe: „Mangels solcher Rechtserzeugungsregeln wäre die einmal gegebene Rechtsordnung absolut starr und es wäre nur rechtliche Statik, keine rechtliche Dynamik denkbar ...[121]." Dabei ist auch die logische Undurchdringlichkeit und Geschlossenheit eines Rechtssystems letztlich wieder in der Disparitätsthese Kelsens begründet: wenn die Grundlage der Entstehung und Geltung von Normen nur andere Normen, nicht aber außerrechtliche Faktoren sein können, so ergibt sich daraus notwendig die Konsequenz, daß die formellen Bestimmungen über das Zustandekommen von Rechtserscheinungen nur in den Rechtsordnungen selbst enthalten sein können, oder anders ausgedrückt: daß keine andere Art der Rechtserzeugung denkbar ist als die rechtliche Selbsterzeugung[122].

Merkl vergleicht diese Selbsterzeugung des Rechtes anschaulich mit einem Gütererzeugungsprozeß, „bei dem irgendein Rohprodukt aus der ersten Produktionsetappe als Halbfabrikat hervorgeht, in dieser Zwischengestalt nochmals in den Produktionsprozeß eingeht, ... wieder gewandelte Zwischenprodukte ergibt, bis es den Produktionsprozeß

---

[119] *Merkl*, Prolegomena, WRS S. 1345.
[120] Vgl. *Merkl*, Hans Kelsens System einer reinen Rechtstheorie, WRS S. 1260; Prolegomena, WRS S. 1345.
[121] *Merkl*, Prolegomena, WRS S. 1345, 1346. Zutreffend charakterisiert *Öhlinger*, Der Stufenbau der Rechtsordnung, S. 10, diese Erkenntnis der rechtlichen Selbsterzeugung als einen theoretischen Ansatz, „der der vollen Positivität und Autonomie des modernen Rechts in einer bis dahin von der Rechtslehre nicht erreichten Weise gerecht wird".
[122] Wenn *Merkl*, Prolegomena, WRS S. 1346 in diesem Zusammenhang darauf hinweist, daß das Recht „eine wesentlich dynamische Ordnung" sei, so entspricht dieser Auffassung in besonderem Maße die Konzeption Kelsens, der die Geltung einer Rechtsordnung nicht auf eine statische, sondern auf eine dynamische Grundnormhypothese bezieht, indem die Grundnorm allein auf die Einsetzung einer höchsten Rechtssetzungsautorität beschränkt gedacht wird, also nur als Voraussetzung des Rechtserzeugungsprozesses und damit der Rechtsdynamik fungiert, vgl. dazu unten Teil 2, § 3, 3 a.

endgültig als sogenannte Fertigware verläßt"[123]. Dabei besteht allerdings insofern ein entscheidender Unterschied, daß nämlich im Gegensatz zum Güterproduktionsprozeß, in dem kein Zuwachs an Material zum Rohprodukt, sondern nur dessen Umwandlung stattfindet, im Rechtsschöpfungsprozeß jede erzeugte Rechtserscheinung sich den schon vorhandenen hinzugesellt, wobei neben den neu erzeugten Rechtsakten die schon vorhandenen bedingenden Normen, das Material der Rechtserzeugung, erhalten bleiben[124].

6. Das Verhältnis von Objektivität und Subjektivität im Rechtserzeugungsprozeß: die autonome Determinante

Das Phänomen der rechtlichen Selbsterzeugung als eines rechtsimmanenten Vorgangs darf allerdings nicht dahingehend mißverstanden werden, als ob die Stufenbaulehre Merkls die Rechtserzeugung als einen rein mechanischen Automatismus im Sinne einer emanatistischen Logik deute[125]. Der Eigenschaft von bedingenden Normen, Geltungsgrund der durch sie bedingten Normen zu sein, wobei die bedingenden Normen zugleich als Material der aus ihnen erzeugten Rechtserscheinungen fungieren, entspricht keinesfalls ein reiner „Subsumtionsmechanismus, innerhalb dessen den Organen der einzelnen Rechtserzeugungsstufen überhaupt keine Entschließungsfreiheit bliebe"[126]. Eine wesentliche Rolle im stufenweise ablaufenden Rechtserzeugungsprozeß spielt nämlich die subjektive Komponente des freien Ermessens, das durch die Technik der stufenförmigen Rechtserzeugung für Merkl notwendig bedingt ist[127]. Der Grund für diese Aussage der Stufenbaulehre, daß die Erzeugung der bedingten Rechtserscheinungen in Anwendung der sie bedingenden Rechtsnormen niemals „ohne eine Spur von freiem Ermessen denkbar" sei[128], ergibt sich für Merkl aus der Eigenart der stufenweisen Rechtserzeugung als eines Rechtskonkretisierungsprozesses: „... die Rechtserzeugung (ist) in allen ihren Stufen eine Konkretisierung relativ abstrakter Rechtsnormen, ein stufenweises Fortschreiten vom Allgemeinen zum Besonderen und damit zugleich von Freiheit zur Bindung[129]." Dieser Rechtskonkretisierungsablauf er-

---

[123] *Merkl*, Die Lehre von der Rechtskraft, S. 219/220.
[124] *Merkl*, Rechtskraft, S. 220.
[125] *Merkl*, Prolegomena, WRS S. 1347.
[126] *Achterberg*, Kelsen und Marx, S. 48, dessen Verdienst es ist, diesen Problemkreis verstärkt in das Blickfeld der Diskussion um die theoretischen Grundlagen der Reinen Rechtslehre gerückt zu haben, vgl. dazu weiter unten Teil 2, § 4, 1.
[127] *Merk*, Allgemeines Verwaltungsrecht, S. 142.
[128] *Merkl*, Das doppelte Rechtsantlitz, WRS S. 1110, mit Hinweisen auf Kelsen als den Urheber dieses Gedankens, vgl. dazu auch unten Teil 2, § 1.
[129] *Merkl*, Allgemeines Verwaltungsrecht, S. 146, ähnlich S. 142.

§ 2: Stufenbau und Bedingungszusammenhang 35

scheint dabei als die „schrittweise Annäherung" an das in den Rechtsnormen mehr oder weniger abstrakt angesprochene Zwangsmoment. Die restlose Konkretisierung der Zwangsandrohung wird schließlich im Bereich der Vollzugsakte als der rechtlichen Endstufe tatsächlicher Ausführung des in den Normen statuierten Zwanges erreicht[130]. In dieser Rechtshierarchie über- und untergeordneter Konkretisierungsstufen[131] grenzen nun für Merkl „notwendig auf jeder Rechtsanwendungsstufe ein Sektor der Determination und der Indetermination aneinander"[132]. Denn begrifflich sei das Verhältnis zwischen einem relativ abstrakten und einem relativ konkreten Akt zwingend von einer — graduell zwar unterschiedlichen — essentiell aber immer vorhandenen teilweisen Indeterminiertheit des bedingten durch den bzw. die bedingenden Akte gekennzeichnet: „Ein relativ abstrakter Akt, der als Erzeugungsregel eines relativ konkreten Aktes dient, kann diesen nicht zur Gänze determinieren; sondern kann nur die eine Komponente des Konkretisierungsprozesses abgeben und muß einer anderen Komponente Raum geben: dem Ermessen des zum Konkretisierungsakt zuständigen Organs. Stellt das präformierte objektive Recht, das in den Rechtserzeugungs- oder Rechtsanwendungsprozeß eingeht, die *heteronome* Determinante des Rechtserzeugungs- oder Rechtsanwendungsorgans dar, so stellt das *freie Ermessen* die komplementäre *autonome Determinante* dar[133]." Dementsprechend vollzieht sich die stufenweise Rechtserzeugung in der Weise, „daß objektives Recht einer bestimmten Stufe gewissermaßen in die Subjektivität des zur Erzeugung von Recht der nächsten Stufe berufenen Organs eingeht, worauf aus diesem Subjekt in einem Willens- und Denkprozeß objektives Recht der nächstniederen Stufe in die Rechtswelt austritt"[134].

Diese Erkenntnis der Begriffswesentlichkeit einer teilweisen materiellen Indeterminiertheit der jeweils bedingenden, als Erzeugungsregel fungierenden Rechtsakte[135], und die Einsicht in die unauflösbare Interdependenz zwischen der Objektivität des bereits normierten Rechtsmaterials und der subjektiven Komponente freien Ermessens der zur Rechtsanwendung und Erzeugung neuen Rechts berufenen Organe ist von ausschlaggebender Bedeutung für das Verständnis nicht nur der Stufenbautheorie, sondern darüber hinaus auch des Gesamtsystems der Reinen Rechtslehre überhaupt. Das wird deutlich, wenn man sich ver-

---
[130] *Merkl*, Prolegomena, WRS S. 1334.
[131] *Merkl*, Das doppelte Rechtsantlitz, WRS S. 1092.
[132] *Merkl*, Das doppelte Rechtsantlitz, WRS S. 1110.
[133] *Merkl*, Allgemeines Verwaltungsrecht, S. 142.
[134] *Merkl*, Die Lehre von der Rechtskraft, S. 219.
[135] Vgl. dazu auch schon *Merkl*, Das Recht im Lichte seiner Anwendung, WRS S. 1173, dort noch nur in Bezug auf die Rechtsstufe des Gesetzes ausgeführt.

gegenwärtigt, daß die autonome Determinante unausweichlich die normativrechtlichen Regelungsmöglichkeiten in ihrer vom Rechtsbegriff selbst gegebenen Begrenztheit aufzeigt. Konsequenz dieser im Problemkreis des freien Ermessens zum Ausdruck kommenden Beschränktheit normativer Entscheidungsdeterminierung ist, daß die im Bereich der Ermessensspielräume zur Anwendung gelangenden Beurteilungsmaßstäbe und Entscheidungskriterien nicht mehr aus dem die Erzeugungsregel darstellenden bedingenden Rechtsmaterial geschöpft werden können. Wo das Recht die Entscheidung nicht mehr determiniert, müssen notwendigerweise andere als die im normativen Rechtssystem enthaltenen Gesichtspunkte und Wertungen zur Entscheidungsfindung herangezogen werden, oder wie Merkl es ausdrückt: „Das Ermessen ist die Pforte im Rechtsgebäude, durch die außerrechtliche Motivationen eindringen können[136]." Daß damit im Begriff der autonomen Determinante zugleich eine wesentliche Aussage über das Verhältnis von Sein und Sollen, normativer Rechtsordnung und faktischer Rechtswirklichkeit enthalten ist, liegt auf der Hand[137]. Auswirkungen und Konsequenzen dieser Erkenntnis für die theoretischen Grundlagen der Reinen Rechtslehre insgesamt werden im zweiten, sich mit den Arbeiten Kelsens auseinandersetzenden Teil zu untersuchen sein.

§ 3: Der rechtliche Stufenbau unter dem Gesichtspunkt der Derogation

1. Die Derogation als nicht rechtswesenhafte Struktur eines Rechtssystems

Für eine sich ausschließlich auf die rechtswesenhaften normlogischen Erkenntnisse der Stufenbautheorie konzentrierende Arbeit wie die vorliegende sind über die Derogationsmechanismen und -zusammenhänge an und für sich nur wenige Worte zu verlieren. Denn sämtliche Ausführungen Merkls zu diesem Thema der Abänderung und Aufhebung bestehender Rechtsakte sind von einer fundamentalen Grunderkenntnis beherrscht: der Erkenntnis der prinzipiellen Unabänderlichkeit bestehenden Rechts als eines allgemeinen normlogischen Grundsatzes. Dabei korrespondiert diesem Prinzip der Unabänderlichkeit die Einsicht, daß eine Abänderung schon bestehender Rechtserscheinungen nur dann möglich ist, wenn sie ausdrücklich in der jeweiligen Rechts-

---

[136] *Merkl*, Allgemeines Verwaltungsrecht, S. 152; ähnlich schon in: Staatszweck und öffentliches Interesse, WRS S. 1570.
[137] *Achterberg*, Hans Kelsens Bedeutung in der gegenwärtigen deutschen Staatslehre, S. 454; Kelsen und Marx, S. 65, hat darauf wiederholt hingewiesen.

§ 3: Stufenbau und Derogation

ordnung, d. h. positivrechtlich normiert ist[138]. Die Derogation stellt sich damit für die Stufenbautheorie als ein Strukturphänomen dar, das nicht zu den begriffswesentlichen Grundvoraussetzungen des Rechts gehört, sondern das allein von der positiven Ausgestaltung eines realen Rechtssystems abhängig ist — eine Auffassung, die angesichts der Struktureinsichten Merkls über die Entstehung und Geltung von Rechtserscheinungen, wie sie in der Beschreibung des Bedingungszusammenhanges zum Ausdruck kommen, von zwingender Konsequenz ist[139]. Denn wenn über die Zugehörigkeit eines hinsichtlich seiner rechtlichen Geltung zu entscheidenden Aktes zu einer jeweiligen Rechtsordnung einzig und allein das Kriterium befindet, ob der mit dem Anspruch auf Zugehörigkeit zu diesem bestimmten Rechtssystem auftretende Akt den in dieser Rechtsordnung enthaltenen Entstehungs- und Geltungsvoraussetzungen entspricht[140], so ist unmittelbar einleuchtend, daß auch eine den bisherigen Rechtsbestand abändernde oder aufhebende neue Rechtserscheinung gleichwohl ausschließlich von den Bedingungen des Rechtssystems, dessen Zugehörigkeit angestrebt wird, abhängig ist, da allein dieses für die Entstehung und Geltung der derogierenden Norm maßgeblich ist: „Nur durch Delegation von Seite eines Normsystems kann eine diesem System a priori fremde Erscheinung a posteriori zu deren Bestandteil werden. Nur auf Grund eines Rechtssatzes kann Nichtrecht zum Rechte werden. Nicht Selbstinthronisation, sondern Delegation von Seite der Normwelt, in die ein neues Normindividuum eintreten will, ist sein Geltungsgrund. Nur eine Delegationsnorm ist Erkenntnisgrund der Systemzugehörigkeit einer neuen Norm und damit der bei jedem solchen Zuwachs zur gegebenen Normtotalität unvermeidlichen Wandlung im Normenbestand[141]." Jede Normänderung stellt sich damit als das Ingeltungtreten neuer Normen im Rahmen eines bestehenden Rechtssystems dar, von dessen Erzeugungsregel die neu hinzukommende Änderungsnorm abhängig ist[142]. Sind somit aber allein die Delegationsbeziehungen maßgeblich für die Rechtsqualität einer nach Geltung tendierenden, schon vorhandene Rechtserscheinungen derogierenden Norm, so erscheint die Frage nach dem Modus der Abänderung von Recht — der sogenannte Derogationszusammenhang — von nur sekundärer Bedeutung gegenüber der primär zu stellenden

---

[138] *Merkl*, Die Unveränderlichkeit von Gesetzen, WRS S. 1083 ff. (1088); Die Rechtseinheit des österreichischen Staates, WRS S. 1130 ff. (1136); Die Lehre von der Rechtskraft, S. 229 ff. (234).
[139] Auch *Kelsen*, Das Problem der Souveränität und die Theorie des Völkerrechts, S. 114 f. (115 Fn. 1) hat sich dieser Auffassung Merkls klar und eindeutig angeschlossen.
[140] Vgl. oben Teil 1, § 2, 1.
[141] *Merkl*, Die Lehre von der Rechtskraft, S. 238; ebenso S. 234.
[142] *Merkl*, Rechtskraft, S. 233.

Frage, auf Grund welcher Rechtsnormen eines positiven Rechtssystems eine Derogation überhaupt möglich ist. Rechtswesenhafte Strukturen einer Rechtsordnung können dabei nach der Konzeption der Stufenbaulehre einzig und allein im Bereich der rechtlichen Delegationsbeziehungen erkannt werden. Die Derogationszusammenhänge dagegen erscheinen als nicht rechtswesenhafte, sondern bloß mögliche, positivrechtlich bedingte, emphemere Strukturen: selbst der — häufig als allgemeines normlogisches Prinzip verkannte — Grundsatz ‚Lex posterior derogat legi priori' entfaltet seine Geltung erst aufgrund der positivrechtlichen Setzung in einem realen Rechtssystem[143].

2. Das Rangverhältnis und die Gegenläufigkeit von Bedingungs- und Derogationszusammenhang

Sieht man mit Merkl das System der Rechtsformen in einer Rechtsordnung als „aus einer ganzen nicht nur vielgliedrigen, sondern in dieser Gliederung auch mehrstufigen Reihe typischer Rechtserscheinungen"[144] bestehend an, wobei die verschiedenen Rechtsformen nicht nur im Verhältnis der Gleichordnung, sondern auch in dem der Über- und Unterordnung zueinander stehen[145], so ergeben sich aus dieser Struktur der Subordination formell differenzierter Rechtsakte zugleich Konsequenzen für die Frage nach ihrem Rangverhältnis bzw. nach dem Kriterium zur Bestimmung dieses Ranges. Entsprechend der Erkenntnis, daß das logische Verhältnis der Rechtserscheinungen unterschiedlicher Form durch den Bedingungszusammenhang gekennzeichnet ist, indem die verschiedenen Akte einer Rechtsordnung sich gegenseitig bedingen oder durcheinander bedingt sind, erblickt Merkl im Bedingungszusammenhang zugleich auch das Kriterium zur Bestimmung des Ranges der formell differenzierten Rechtserscheinungen: „Zwischen den einzelnen derart verketteten Rechtssätzen besteht nicht etwa bloß zeitliche, sondern insbesondere auch logische Priorität bzw. Posteriorität. Insoferne, als ein Rechtssatz nicht ohne den vorgängigen Rechtssatz gedacht werden kann, also ihm seine Geltung verdankt, kann er als der höhere und der von ihm abhängige Rechtssatz als der niedrigere Rechtssatz ... beurteilt werden[146]." „Die Reihe bedingender und bedingter Rechtssätze stellt sich demnach als eine Rangreihe, bildlich gesprochen als Hierarchie höherer und niedriger Akte dar[147]." Für die Betrachtung eines positiven Rechtssystems verweist Merkl darüber-

---

[143] *Merkl*, Die Rechtseinheit des österreichischen Staates, WRS S. 1134 ff.; ebenso *Kelsen*, Das Problem der Souveränität, S. 115 Fn. 1.
[144] *Merkl*, Die Lehre von der Rechtskraft, S. 213.
[145] *Merkl*, Rechtskraft, S. 211.
[146] *Merkl*, Prolegomena, WRS S. 1339.
[147] *Merkl*, Prolegomena, WRS S. 1340.

§ 3: Stufenbau und Derogation

hinaus auf eine zusätzliche Komplizierung. Hier könne nämlich zwischen Bedingungs- und Derogationszusammenhang hinsichtlich des Ranges der einzelnen Rechtsstufen eine Gegenläufigkeit bestehen: „... der durch das Verhältnis der Bedingtheit begründeten Rangordnung (braucht) durchaus nicht immer eine gleich gegliederte Rangordnung gemäß dem Ordnungsprinzip der rechtlichen Kraft der in Vergleich gestellten Rechtsnormen zu entsprechen. Ein bedingender und darum in gewissem Sinne dem bedingten Akt übergeordneter Akt kann zugleich in anderem Sinn dem bedingten Akt untergeordnet sein, wenn dieser ihm gegenüber derogatorische Kraft hat, während dem bedingenden Akt dieselbe derogatorische Kraft gegenüber dem bedingten Akt fehlen kann[148]." Aus dieser Gegenläufigkeit von Delegations- und Derogationsverhältnissen zieht Merkl die Konsequenz, daß sich „selbst innerhalb ein und derselben Staatsrechtsordnung mehrere rechtliche Stufenfolgen mit verschiedener Reihung der Rechtsstufen herausstellen"[149]. Diese von Merkl beschriebene Gegenläufigkeit von Bedingungs- und Derogationszusammenhang begegnet uns beispielsweise innerhalb der Rechtsordnung der BRD im Verhältnis einer Verfassungsnorm zu einem die Verfassung abändernden Gesetz: so enthält zwar die Verfassungsvorschrift des Art. 79 Abs. 1 GG die Bedingungen, unter denen ein die Verfassung änderndes Gesetz zustandekommt. Dabei erscheint dieses die Verfassung ändernde Gesetz unter dem Gesichtspunkt des Bedingungszusammenhanges als der nachrangige Rechtsakt. Hinsichtlich der rechtlichen Bestandskraft ist dagegen das die Verfassung ändernde Gesetz vorrangig, indem die Verfassungsvorschrift durch das Abänderungsgesetz außer Kraft gesetzt wird. Gleiches gilt auch bezüglich des Verhältnisses von Rechtsnormen in Gesetzesform und den sie aufhebenden Entscheidungen des Verfassungsgerichts[150]. Merkl verweist überdies auch auf die Beziehung von Prozeßakten, namentlich Gerichtsurteile verschiedener Instanzen, als Erscheinungsform der Gegenläufigkeit von Bedingungs- und Derogationsverhältnis: „Gleicherweise ist z. B. auch der individuelle Akt, etwa das Gerichtsurteil oder eine verwaltungsbehördliche Verfügung der sogenannten (in der Behördenhierarchie gesehen) niedrigeren Instanz die Voraussetzung des korrektiven Aktes der nächsthöheren Instanz, so daß die für den Prozeß charakteristische Hierarchie der Prozeßakte im entgegengesetzten Sinne verläuft, als es die Hierarchie der am Prozeß beteiligten Organe vermuten läßt[151]." Diese Ausführungen erläutert Merkl in den ‚Prolegomena' dahingehend, „daß Erkenntnisgrund für die Überordnung

---
[148] *Merkl*, Prolegomena, WRS S. 1342.
[149] *Merkl*, Prolegomena, WRS S. 1350.
[150] *Achterberg*, Hans Kelsens Bedeutung in der gegenwärtigen deutschen Staatslehre, S. 453.
[151] *Merkl*, Die Lehre von der Rechtskraft, S. 215.

des Aktes niederer Instanz im Vergleich mit dem Akte höherer Instanz die mit aller Deutlichkeit zum Ausdruck gebrachte Tatsache ist, daß der Akt der Rechtsmittelinstanz den Akt der ersten Instanz zur Voraussetzung hat". Umgekehrt ergebe sich aber auch ein Rangverhältnis der Über- und Unterordnung „aus der in der Prozeßordnung begründeten derogatorischen Kraft der Rechtsmittelerledigung gegenüber dem Akt der ersten Instanz"[152].

Die vorstehend geschilderten Darlegungen Merkls sind zunächst einmal zweifelhaft, was das zuletzt beschriebene Verhältnis der Prozeßakte verschiedener Instanzen betrifft. Merkls Ansicht, daß Erkenntnisgrund der dem Derogationsverhältnis entgegengesetzten Vorrangigkeit des erstinstanzlichen Aktes gegenüber dem Akt der Rechtsmittelinstanz die Tatsache sei, daß der Akt der Rechtsmittelinstanz den Akt der ersten Instanz zur Voraussetzung habe, verkennt, daß der erstinstanzliche Prozeßakt zwar tatsächlich, nicht aber normativ Voraussetzung des Aktes der Rechtsmittelinstanz ist. Der erstinstanzliche Akt enthält nämlich in keiner Weise selbst die Bedingungen der Entstehung und Geltung des Rechtsmittelaktes; es besteht also zwischen beiden Akten überhaupt kein normativer Bedingungszusammenhang, der sich in einer Über- und Unterordnung der beiden Prozeßakte als einander bedingend und voneinander bedingt ausdrückte. Bezüglich der Entstehungsvoraussetzungen des Aktes der Rechtsmittelinstanz ist der erstinstanzliche Prozeßakt Voraussetzung ausschließlich in dem Sinne, daß er eine tatsächliche Voraussetzung, also Tatbestandsmerkmal derjenigen Rechtsnorm bzw. Rechtsnormen ist, die die eigentlichen, nämlich normativen, den Prozeßakt der Rechtsmittelinstanz bedingenden Entstehungs- und Geltungsvoraussetzungen enthalten. Das Rangverhältnis von erstinstanzlichem und Rechtsmittelakt hinsichtlich des gegenseitigen Bedingungszusammenhanges ist eher das der Gleichrangigkeit: zwischen beiden Rechtsakten ist nämlich eine Koordinationsbeziehung festzustellen, indem beide Akte, sowohl der erstinstanzliche als auch der Akt der Rechtsmittelinstanz durch Rechtsnormen derselben anderen Rechtsstufe bedingt werden, und zwar durch die Stufe der sogenannten Prozeßordnungen[153]. Erst diese positivrechtlichen Prozeßordnungen entscheiden dann darüber, welchen Prozeßakten überhaupt derogierende Kraft zukommt. Nach alledem kann hier kaum von einer echten Gegenläufigkeit zwischen Bedingungs- und Derogationszusammenhang der Prozeßakte verschiedener Instanzen die Rede sein.

Darüber hinaus sind auch im Grundsätzlichen die Ausführungen Merkls zur Gegenläufigkeit von Derogations- und Delegationsbeziehungen problematisch. Das von Merkl beschriebene Phänomen die-

---
[152] *Merkl*, Prolegomena, WRS S. 1343.
[153] Zur Koordinationsbeziehung s. o. Teil 1, § 2, 3.

§ 3: Stufenbau und Derogation 41

ser Gegenläufigkeit des Ranges verschiedener Rechtsstufen, je nachdem, ob ihre Ordnung unter dem Gesichtspunkt des Bedingungs- oder des Derogationszusammenhanges erfolgt, gehört nämlich nicht zu den rechtswesenhaften Strukturproblemen im Rahmen der Stufenbautheorie. Das folgt aus der Erkenntnis, daß nur der Delegations-, nicht aber auch der Derogationszusammenhang verschiedenförmiger Rechtsakte eine begriffswesentliche Rechtsstruktur ist[154]. In diesem Zusammenhang ist erneut darauf hinzuweisen, daß eine Rechtsordnung theoretisch damit auskäme, sich auf die Erzeugung solchen neuen Rechts zu beschränken, das den Bestand des schon vorhandenen Rechts weder abändert noch aufhebt[155]. Dementsprechend wird im Merklschen Idealsystem des Rechts, gleichgültig ob man es als notwendig zwei- oder dreigliedrig ansieht, der Derogationszusammenhang überhaupt nicht erwähnt. Alle rechtswesentlichen Strukturerkenntnisse der Stufenbautheorie, angefangen von der Einsicht in die hierarchische Struktur des Rechts, über die durchgängige Parallelität von Rechtserzeugung und Rechtsanwendung bis hin zur Komplexität des aus objektiver und subjektiver Komponente zusammengesetzten Rechtsschöpfungsprozesses betreffen ausschließlich das logische Verhältnis verschiedenförmiger Rechtserscheinungen unter dem Gesichtspunkt ihres Bedingungszusammenhanges. Ebenso kommt die Stufenbaulehre auch bei der systematischen Eingliederung der Problematik des fehlerhaften Rechtsaktes, wenn man von der jeweils positivrechtlichen Ausgestaltung einmal absieht, ohne einen Rückgriff auf irgendwelche Derogationsbeziehungen aus: „Das Problem der Fehlerhaftigkeit — oder der Fehlerlosigkeit — ist das typische Problem des Aktes niedrigerer Stufe ... Fehlerlosigkeit ist die Erkenntnisvoraussetzung für die Systemzugehörigkeit des einzelnen Aktes, der mit dem Prätext eines Rechts- oder Staatsaktes auftritt ... Erkenntnisgrund und Maßstab der Fehlerhaftigkeit eines Aktes kann nur die ganze Stufenfolge der ihn bedingenden höheren Akte sein. Die Einsicht in den funktionalen Zusammenhang zwischen dem bedingenden und bedingten Akt macht die Summe der in den bedingten Akten vorfindlichen Determinierungen des bedingten Aktes zur Erkenntnisvoraussetzung des bedingten Aktes und läßt die geringste Abweichung von dieser Determination als einen rechtlichen Fehler erscheinen ...[156]."

Angesichts der mangelnden theoretischen Äquivalenz von Delegations- und Derogationsbeziehungen relativiert sich somit die Bedeutung

---
[154] Vgl. oben Teil 1, § 3, 1; zutreffend deshalb *Öhlinger*, Der Stufenbau der Rechtsordnung, S. 18 f., der feststellt, daß Merkl hier den Bereich rechtswesentlicher Erkenntnisse verläßt.
[155] *Merkl*, Die Unveränderlichkeit von Gesetzen, WRS S. 1085.
[156] *Merkl*, Prolegomena, WRS S. 1360; ebenso: Das Recht im Lichte seiner Anwendung, WRS S. 1182; Das doppelte Rechtsantlitz, WRS S. 1097/1098.

des Gegenläufigkeitsproblems zu einem von vornherein nur positivrechtlich relevanten Teilaspekt der Stufenbautheorie, die ihre begriffswesentlichen Aussagen allein im Bereich des logischen Erzeugungs- und Ableitungszusammenhanges der Rechtsakte macht. Von daher erklärt sich auch, weshalb Kelsen, der der Stufenbautheorie Merkls so maßgebende Bedeutung zuerkannt hat, diesen Stufenbau überhaupt nur hinsichtlich der rechtlichen Delegation in Betracht zieht, wie in folgender Feststellung deutlich wird: „Die Beziehung zwischen der die Erzeugung einer anderen Norm regelnden und der bestimmungsgemäß erzeugten Norm kann in dem räumlichen Bild der Über- und Unterordnung dargestellt werden[157]." Dagegen läßt er Merkls Ausführungen zu einem Stufenbau unter dem Gesichtspunkt der Derogationsbeziehungen vollkommen unbeachtet[158].

§ 4: Zusammenfassung

Merkls Stufenbaulehre wendet sich gegen die Verabsolutierung der Gesetzesform als der den Begriff der Rechtsnorm allein kennzeichnenden Rechtsform und beschreibt den Zusammenhang zwischen den verschiedenen Rechtsakten einer Rechtsordnung als ein genetisches Verhältnis, in dem jeder Akt, der Voraussetzung für mögliche weitere Rechtserscheinungen unter dem Gesichtspunkt des Bedingungszusammenhanges ist, als Rechtsnorm qualifiziert wird. So sind im System einer Rechtsordnung mit parlamentarischen Institutionen Rechtsnormen nicht nur das Verfassungsgesetz und das einfache Gesetz, sondern zum Beispiel auch das Urteil, der Verwaltungsakt und das private Rechtsgeschäft, da jeder von diesen Rechtsakten — selbst bedingt durch einen anderen — bedingend für eine oder mehrere weitere Rechtserscheinungen sein kann. Von den Rechtsakten innerhalb einer Rechtsordnung ist deshalb allein der jeweils letzte tatsächliche Vollzugsakt als Endpunkt einer stufenweise sich vollziehenden Rechtskonkretisierung und -individualisierung nicht mehr als Rechtsnorm qualifizierbar, da dieser letzte Vollzugsakt nicht Voraussetzung für die Entstehung und Geltung weiterer Rechtsakte sein kann.

Die Aussagen der Stufenbautheorie über dieses genetische Verhältnis der Rechtserscheinungen zueinander unter dem Gesichtspunkt des Be-

---

[157] *Kelsen*, Reine Rechtslehre, 2. Aufl. S. 228.
[158] Ein Stufenbaumodell nach dem Kriterium der derogierenden Kraft verschiedenförmiger Rechtsakte ist demgemäß in der Ebene positivrechtlicher Strukturerkenntnisse anzusiedeln: wenn die besondere Ausgestaltung einer bestimmten Rechtsordnung zur rechtswissenschaftlichen Darstellung aufgegeben ist. Zu einem solchen Stufenbaumodell unter dem Gesichtspunkt des Derogationszusammenhanges vgl. *Walter*, Der Aufbau der Rechtsordnung, S. 55 ff., und: Der Stufenbau nach der derogatorischen Kraft im österreichischen Recht, ÖJZ 1965, S. 169 ff.

dingungszusammenhanges sind gekennzeichnet durch die Unterscheidung von Ideal- und Realstruktur der Rechtssysteme, die Einsicht in die Parallelität von Rechtserzeugung und Rechtsanwendung, wie sie sich aus dem Erzeugungszusammenhang ergibt, und der Beschreibung von Objektivität und Subjektivität im Rechtserzeugungsprozeß als wesentlicher Beitrag zur Erfassung der Ermessensspielräume im stufenförmigen Ablauf der Rechtsetzung.

In bezug auf die Ausführungen Merkls über Ideal- und Realrechtsstruktur ist der Entwicklungsgang der Stufenlehre zum Teil widersprüchlich. Dabei steht gerade die Frage nach dem Idealrechtssystem als der begriffswesentlichen, von jeder positiven Rechtsordnung nachgezeichneten Grundstruktur des Rechts für die Beschäftigung mit der Stufenbautheorie im Vordergrund des Interesses. Denn die Ansätze Merkls sind zum einen für die Frage nach der Rechtswesenhaftigkeit der durch den Bedingungszusammenhang charakterisierten hierarchischen Struktur der Rechtsordnungen von entscheidender Bedeutung, zum anderen werden in dieser rechtlichen Grundstruktur die Grenzbereiche eines Rechtssystems, nämlich Ursprungsnorm und Vollzugsakt als Grund- und Enderscheinung des Rechts besonders deutlich erfaßt. Gegenüber den angemerkten Widersprüchlichkeiten in Merkls Konzept erscheint es sinnvoll, die rechtliche Idealstruktur anstelle einer bloß zweigliedrigen Rechtsstufenhierarchie durch eine rechtswesenhafte Formendreiheit zu charakterisieren. Diese Formentrias wird gebildet aus der Ursprungs- bzw. Grundnorm, der aus ihr ideal einförmig hergeleiteten Ableitungsnormform und der Rechtsstufe des letzten tatsächlichen Zwangsvollzugsaktes. Diese Erweiterung des Idealrechtssystems von einem rechtswesentlichen Formendualismus zu einer rechtswesenhaften Formentrias gewährleistet die widerspruchsfreie Einbeziehung zweier ansonsten systematisch nicht harmonisierbarer Erkenntnisse Merkls: auf der einen Seite enthält es das vom Rechtsbegriff her vorgezeichnete Schema einer Ursprungsnorm und der Vielzahl der von dieser Ursprungsnorm bedingten, einförmig abgeleiteten Normen. Auf der anderen Seite erscheinen in ihm die begriffswesentlichen Stufen absoluter Rechtserzeugung und absoluter Rechtsanwendung als die Pole jeder Rechtsordnung, indem die Ursprungsnorm in ihrer Funktion als Einsetzung der Rechtsetzungsautorität ausschließlich Rechtserzeugung und damit den Ausgangspunkt, der letzte tatsächliche Vollzugsakt dagegen als reine Anwendung der ihn bedingenden Normen den Endpunkt des stufenförmigen Rechtsschöpfungsprozesses darstellt. Hinsichtlich des Bedingungszusammenhanges sind die Grundnorm und der Vollzugsakt alternativ rein bedingend und bedingt, während die sie mediatisierende Ableitungsnormstufe sowohl bedingt durch die Grundnorm als auch bedingend für die Stufe der Vollzugsakte ist. Diese idealrechtliche Mittelstufe, die in den realen Rechtssystemen zum Objekt formeller Differenzierung wird, weist bereits sämtliche Eigenschaften auf, die für die durch jene formelle Differenzierung gewonnenen positiven Rechtsformen kennzeichnend sind. Im Hinblick auf den Delegationszusammenhang sind sie alle mehrdeutig, nämlich sowohl bedingend als auch bedingt. Sie haben die januskopfartige Doppelnatur bezüglich Rechtserzeugung und Rechtsanwendung und lassen damit auch die Eigenschaft durchgängiger Parallelität beider Bereiche als bereits in der rechtlichen Grundstruktur der Rechtsordnungen begründet erkennen.

Das spezifisch dynamische Charakteristikum im stufenförmigen Rechtsetzungsprozeß bringt die Stufenbautheorie in der Strukturerkenntnis des Erzeugungszusammenhanges bzw. der Erzeugungsregel zum Ausdruck. Dieser Erzeugungszusammenhang besteht darin, daß das Bedingungsverhältnis der Rechtserscheinungen untereinander nicht nur eine logisch-genetische Abhängigkeit der bedingten gegenüber den sie bedingenden Normen hinsichtlich der Priorität ihrer zeitlichen Entstehung bedeutet, sondern zugleich auch, daß die bedingten Akte aus den sie bedingenden Akten erzeugt werden: die Summe der bedingenden Normen ist das Material, aus dem die bedingten Rechtserscheinungen gestaltet werden. Mit der Erzeugungsregel eng zusammen hängt dabei die Einsicht in die Selbsterzeugung des Rechts, die darin zum Ausdruck kommt, daß jedes Rechtssystem neben seinen materiellen Vorschriften notwendig auch formelles Recht enthält, das die Erzeugung neuen Rechts immanent zur jeweiligen Rechtsordnung regelt. Die Begründung für diese Einsicht, die Merkl aus der logischen Geschlossenheit und Undurchdringlichkeit eines Rechtssystems ableitet, findet letztlich ihre theoretisch fundierte Rechtfertigung in Kelsens sich aus der Disparitätsthese ergebenden Erkenntnis, daß der Geltungsgrund einer Norm immer nur eine andere Norm sein kann: daraus folgt zwingend, daß die Umbildung und Weiterentwicklung einer Rechtsordnung nur nach den ihr immanenten Regeln erfolgen kann.

Zugleich wird in diesen Strukturaussagen der Stufenlehre aber auch die Begrenztheit rechtlicher Normierungsmöglichkeiten sichtbar: von grundlegender Bedeutung ist im System der Stufenbautheorie nämlich die von Kelsen ausgehende und von Merkl übernommene Erkenntnis, daß jede Rechtsstufe unterhalb der Grundnorm gegenüber den sie bedingenden Rechtsstufen eine autonome Determinante freien Ermessens besitzt. Merkl begreift dabei den gesamten Rechtserzeugungs- und Rechtsanwendungsprozeß als von einer unauflöslichen Interdependenz zwischen objektiv präformiertem Recht und komplementärer, über eine rein deduktive Subsumtion hinausgehender Ermessenssubjektivität der jeweiligen Entscheidungsorgane beherrscht. Der bloß partiellen rechtlichen Determinierung rechtlicher Entscheidungsprozesse entspricht deshalb die theoretische Notwendigkeit, im Bereich der autonomen Determinante außerrechtliche Maßstäbe zur Entscheidungsfindung hinzuziehen.

In diesen soeben nochmals zusammengefaßten Aussagen liegt der Gehalt der Stufenbautheorie an rechtswesenhaften Strukturerkenntnissen. Die Ausführungen Merkls über die Strukturen der für die Rechtsordnungen mit parlamentarischen Institutionen typischen Rechtsformen sind demgegenüber Beschreibungen bloß möglicher, positivrechtlich zufälliger Ausgestaltungen einer Rechtsordnung, die einer bestimmten Staatsform zugehört. Merkl selbst hat immer wieder darauf hingewiesen: jeder reale Formenpluralismus, der über den rechtsnotwendigen Minimalbestand an Rechtsformen im idealen Rechtssystem hinausgeht, hängt immer von der jeweiligen positivrechtlichen Gestaltung der betreffenden Rechtsordnung ab. Dieser Grundposition Merkls entspricht es auch, daß die Ausgestaltung der Bedingungszusammenhänge zwischen den für parlamentarisch-demokratische Rechtsordnungen typischen Rechtsaktformen nicht unveränderlich konstant sind, sondern Wandlungen unterworfen sein können. Dies hat Walter am Beispiel der österreichischen Rechtsordnung einleuchtend nachgewiesen: deren Analyse zeige, daß in einem konkreten Rechtssystem die einen bedingten Rechtsakt bedingenden Rechtsvorschriften formell nicht rangmäßig differenzierbar seien, sondern nur Teile einer einheitlichen Erzeugungsregel bildeten. Dabei ergeben sich für Walter jeweils nur zwei verschiedene Stufen und damit nur eine einzige Stufung zwischen der bedingten Rechtserscheinung und ihrer Erzeugungsregel[159]. Nicht zugestimmt werden kann dabei allerdings der von Öhlinger aus Walters Auffassung gezogenen Konsequenz, daß sich nach dem Kriterium der rechtlichen Bedingtheit „nicht nur kein nach Rechtsformen gegliederter Stufenbau, sondern regelmäßig überhaupt kein Stufenbau" ergebe: Merkls Konzeption erlaube dementsprechend nicht, von einer geschlossenen Normenpyramide zu sprechen[160].

Demgegenüber ist zunächst darauf hinzuweisen, daß jedenfalls die rechtswesenhafte Grundstruktur jeder Rechtsordnung, namentlich wenn sie, wie in der vorliegenden Arbeit versucht, als eine Dreiheit rechtswesentlicher Rechtsstufen begriffen wird, eine geschlossene Hierarchie sich gegenseitig bedingender und voneinander bedingter Rechtsformen darstellt. Darüber hinaus behält das Bild einer in sich einheitlichen Stufenbauordnung seine Bedeutung auch dann, wenn ein positives Rechtssystem mit seiner Vielzahl formell differenzierter Rechtsakte ins Blickfeld rückt. Richtig ist zwar, daß sich begriffswesentlich aus der

---
[159] *Walter*, Der Aufbau der Rechtsordnung, S. 62 ff. (63).
[160] *Öhlinger*, Der Stufenbau der Rechtsordnung, S. 17.

Analyse einer positiven Rechtsordnung nicht ein starres Stufenbild feststehend einander über- und untergeordneter Rechtsstufen gewinnen läßt, und daß deshalb eine unveränderliche Ordnung der positiven Rechtsformen nicht gegeben ist. In der Tat ist die Erzeugungsregel nicht in der Weise unwandelbar, daß die Rechtsakte einer bestimmten Stufe sich immer und zwangsläufig nur durch ein und dieselbe Kette von mittelbaren und unmittelbaren Bedingungszusammenhängen aus höherrangigen Stufen ableiten. Nur ist die unveränderliche Einheitlichkeit der Erzeugungsregel für Rechtsakte einer bestimmten Form nicht das rechtsnotwendige Kriterium dafür, eine Rechtsordnung als ein in sich geschlossenes System formell differenzierter, einander bedingender und voneinander bedingter Rechtsakte auffassen zu können. Vielmehr geht die Stufenbautheorie Merkls in ihrer Dynamik gerade von der Erkenntnis aus, daß einzig und allein die Ursprungsnorm als statische, unwandelbare Rechtsstufe im Stufenbausystem erscheint, während sämtliche übrigen Rechtserscheinungen hinsichtlich ihrer Entstehung und Geltung den immanenten rechtlichen Bedingungen der jeweiligen positiven Rechtsordnung unterliegen[161]. Der Einsicht in die positivrechtliche Bedingtheit der Rechtsdynamik hinsichtlich ihrer konkreten Ausgestaltung entspricht es nun, die Erzeugungsregel als in sich variable Abfolge einer mehr oder weniger vielfältigen Anzahl von bedingenden Rechtsstufen zu begreifen. Aus dieser positivrechtlichen formellen Variabilität der Erzeugungsregel folgt die Konsequenz, daß die Erzeugungsregel für jeden einzelnen positiven Rechtsakt gesondert aufzusuchen und zu analysieren ist. Fragt man aber in dieser Weise nach den Voraussetzungen der Entstehung und Geltung eines bestimmten Aktes, so wird sich allerdings, indem man die Reihe der bedingenden Rechtserscheinungen bis hinauf zur Ursprungsnorm zurückverfolgt, eine mehr oder minder große Anzahl von den bedingten Akt bedingenden Rechtsakten unterschiedlicher Form ergeben[162]. Denn hierin liegt der wesentliche Inhalt der Stufenbaumetapher: ein hinsichtlich seiner rechtlichen Geltung fraglicher Akt leitet diese seine Geltung aus einem oder mehreren anderen Rechtsakten desjenigen Rechtssystems ab, dem der fragliche Akt zugeordnet zu sein beansprucht. Und diese vom Bedingungszusammenhang gekennzeichnete gegenseitige Geltungsabhängigkeit ist es, aus der sich die logische Einheitsbeziehung der verschiedenartigen Rechtserscheinungen zueinander ergibt. Besagt somit

---

[161] *Merkl*, Die Unveränderlichkeit von Gesetzen, WRS S. 1085; vgl. auch: Die Lehre von der Rechtskraft, S. 181.
[162] Dabei kann die Erzeugungsregel selbstverständlich auch einzelne Rechtsstufen auslassen. So läßt sich beispielsweise die Rechtsgrundlage der Leistungsverwaltung, falls sie in einer positiven Rechtsordnung keine gesetzliche Regelung erfährt, unmittelbar aus der Verfassung unter Überspringung der Gesetzesstufe herleiten.

das Bild einer Rechtsstufenhierarchie, daß jedem auf seine Geltung hin befragten Rechtsakt ein oder mehrere gleich- und andersförmige Rechtsakte in logisch-genetischer Hinsicht als Geltungsgrundlage vor- und übergeordnet sind, so setzt dies für die Struktur der Erzeugungsregel, die den nach Geltung tendierenden Akt bedingt, nicht notwendig den Charakter bloßer Einstufigkeit voraus. Im Gegenteil setzt sich die Erzeugungsregel regelmäßig aus einer Mehr- und Vielzahl von verschiedenförmigen Rechtsakten zusammen. Ganz sicher aber enthält jede Erzeugungsregel gegenüber dem bedingten Rechtsakt zumindestens eine andersförmige Rechtsstufe: nämlich die Grundnorm. Daß der Formenpluralismus eines realen Rechtssystems begriffswesentlich keine unwandelbare Ordnung und feststehende formelle Rangfolge der einzelnen Rechtsstufen aufweisen muß[163], läßt damit noch nicht den Bedingungszusammenhang als logisches Ordnungs- und Einheitskriterium entfallen. Die Einheit eines Rechtssystems ergibt sich nicht daraus, daß Rechtsakte einer bestimmten Formstufe immer die gleiche Erzeugungsregel haben, sondern der Grund der logischen Einheitsbeziehung liegt vielmehr darin, daß jede Erzeugungsregel und jedweder Bedingungszusammenhang zwischen den einzelnen Rechtserscheinungen sich letztlich immer wieder auf die Ursprungsnorm als die oberste Geltungsgrundlage einer Rechtsordnung zurückführen lassen. Wenn Merkl schreibt: „Nur die Statik der Verfassung ermöglicht die Dynamik der gesetzgeberischen Akte, indem sie diese ... auf einen Punkt zurückführt"[164], wobei mit dem Begriff „Verfassung" das oberste Rechtsprinzip, die Grundnorm, als Zentrum der rechtlichen Geltung und Souveränität gemeint ist[165], so erschließt sich hier der eigentliche Sinn des Stufenbaubildes: „Weil auf ein gemeinsames gedankliches Zentrum rückführbar oder aus einem solchen Zentrum ableitbar: in anderen Bildern ausgedrückt: weil in einem Punkte wurzelnd oder in einer Spitze gipfelnd, offenbart sich eine materielle Vielheit als formale Einheit[166]." Und diese Rückführbarkeit jedes einzelnen Rechtsaktes auf die Grundnorm, sei es unmittelbar oder nur mittelbar durch eine mehr oder minder große Anzahl mediatisierender Rechtsstufen hindurch wird geleistet durch den Bedingungszusammenhang: die Delegationsbeziehungen fungieren als Schlüssel für die das ganze Recht durchziehenden Kontinuitätsbeziehungen[167]. In diesem Sinne ist es gerechtfertigt, die systematische Einheit jeder Rechtsordnung im Bild einer

---

[163] *Walter*, Der Aufbau der Rechtsordnung, S. 62 ff. (63).
[164] *Merkl*, Die Unveränderlichkeit von Gesetzen, WRS S. 1085.
[165] *Merkl*, Die Unveränderlichkeit von Gesetzen, WRS S. 1085.
[166] *Merkl*, Die Rechtseinheit des österreichischen Staates, WRS S. 1163.
[167] *Merkl*, Das Problem des Rechtskontinuität und die Forderung des einheitlichen rechtlichen Weltbildes, WRS S. 1297.

„durch den Delegationsmechanismus hergestellte(n) Normenhierarchie"[168] auszudrücken.

---

[168] *Merkl*, Das Problem der Rechtskontinuität, WRS S. 1273; zur damit übereinstimmenden Sicht Kelsens vgl. z. B. Der soziologische und der juristische Staatsbegriff, S. 94; Der Begriff der Rechtsordnung, WRS S. 1395 ff.

Teil 2

Die Integration der Stufentheorie in Hans Kelsens Reine Rechtslehre

§ 1: Der Stand der Rechtstheorie Kelsens vor Übernahme der Stufenbaulehre

Wenn Kelsen in der Stufenbautheorie Merkls einen so bedeutenden Beitrag zur Reinen Rechtslehre sieht, daß er Merkl deshalb als deren Mitbegründer bezeichnet[169], so darf darüber aber nicht vergessen werden, daß umgekehrt die Stufentheorie Merkls schon in ihrem frühesten Stadium nicht unerheblich von Kelsens Gedankengängen, wie sie vor allem in dessen 1. Auflage der ‚Hauptprobleme der Staatsrechtslehre' (1911) zum Ausdruck kommen, beeinflußt ist. Darauf hat Merkl selbst wiederholt hingewiesen[170].

Die besondere Bedeutung der Arbeiten Merkls zur Stufenbaulehre für die Entwicklung der Reinen Rechtslehre liegt vor allem darin, daß sie zur Überwindung bzw. Relativierung des von Kelsen in der 1. Auflage seiner ‚Hauptprobleme' noch festgehaltenen Vorurteils „von dem nur im generellen Gesetz enthaltenen Recht" und des „ins Absolute erstarrten Gegensatz(es) von Gesetz und Vollziehung, Rechtserzeugung und Rechtsanwendung, genereller und individueller, abstrakter und konkreter Norm" führt[171]. Kelsens Abgrenzung in den ‚Hauptproblemen' zwischen Legislative und Exekutive, Rechtsordnung und Staatsverwaltung, fällt deshalb so eindeutig und scharf aus, weil hier für ihn zwischen dem hypothetischen Willen des Staates im Rechtssatz und der diesen Willen ausführenden konkreten Handlung des Staates noch ein notwendiger Gegensatz besteht[172]: in der Rechtsordnung erscheint für den frühen Kelsen ausschließlich der wollende Staat als Zurechnungsendpunkt[173] der in Gesetzesform auftretenden Rechtsnormen, während

---

[169] Vgl. oben die Einleitung.
[170] Vgl. z. B. *Merkl*, Gesetzesrecht und Richterrecht, WRS S. 1616 Fn. 2, wo er Kelsens Lehre vom Wesen der Exekutive in den Hauptproblemen von 1911 also die theoretische Grundlage zur Aufhebung des Gesetzesmonopols bezeichnet.
[171] So Kelsen selbst in seiner Vorrede zur 2. Auflage der Hauptprobleme (1923), in der er auf den Einfluß Merkls eingeht.
[172] *Kelsen*, Hauptprobleme, S. 502 ff.
[173] *Kelsen*, Über Grenzen zwischen juristischer und soziologischer Methode, WRS S. 31.

sich in der Verwaltung der handelnde, die ihn hypothetisch bedingenden Rechtsnormen ausführende Staat manifestiert[174]. Damit faßt Kelsen in seinen ‚Hauptproblemen' nur die in Gesetzesform erscheinenden Akte als zum Rechtsbereich zugehörig auf, während die Exekutive ausschließlich als Bereich bloßer Rechtsvollziehung angesehen wird[175]. Es ist dabei aber bemerkenswert, wie nahe Kelsen der Erkenntnis einer durchgängigen Parallelität von Rechtserzeugung und Rechtsanwendung im Grunde schon in den ‚Hauptproblemen' ist: hier erklärt er nämlich auch, daß sich die definitive Grenze zwischen normativ wollendem und faktisch handelndem Staat zu verwischen scheine, „wenn man das Recht schlechthin als Wille des Staates erklärt und als Rechtssatz jedes Urteil über die Existenz eines Staatswillens gelten läßt. Denn ein Wille des Staates ist nicht nur in der Rechtsordnung, dem Gesetze zu konstatieren, auch in jedem einzelnen Akte eines Staatsorgans scheint ein Staatswille existent zu sein ... Faßt man die ‚Erzeugung' des Staatswillens als Rechtssetzung und Staatsfunktion, dann ist tatsächlich in jedem Akte der Verwaltung ein Rechtssetzungsakt zu sehen und von einer Grenze zwischen Gesetzgebung und Verwaltung keine Spur[176]."

Nur die in den ‚Hauptproblemen' noch bestehende Meinung Kelsens, eine solche Auffassung von der Erzeugung des staatlichen Willens könne nicht anders als auf einer unzulässigen Gleichsetzung von realpsychischem Willen der handelnden Staatsorgane und normativ hypothetischem Willen des Staates beruhen, so wie überhaupt die noch nicht gelöste Problematik von Staatswillen und Zurechnung, Geltungsbasis des Rechts und Ableitungsverhältnis der einzelnen Rechts- und Staatsakte zueinander sind es, die die Einsicht in die Parallelität von Rechtserzeugung und Rechtsanwendung verhindern. Erst die nachfolgende Erkenntnis, daß letzter Geltungsgrund und Zurechnungsendpunkt einer Rechtsordnung die — bis auf die Voraussetzung der obersten Rechtsetzungskompetenz — inhaltsleere Grundnorm ist, hat zur Konsequenz, daß jeder von einem dazu kompetenten Staatsorgan willentlich gesetzte Akt, der zur formellen und möglicherweise auch materiellen Voraussetzung weiterer Akte wird, notwendig nicht nur als Akt der Rechtsanwendung, sondern zugleich auch als Akt der Rechtserzeugung angesehen werden muß[177].

Ähnliches gilt auch für die Rezeption der Einsicht Merkls in die von kontinuierlichen Delegationsbeziehungen gekennzeichnete Rechtsdyna-

---

[174] *Kelsen*, Hauptprobleme, S. 511, 514.
[175] So auch *Kelsen*, Über Staatsunrecht, WRS S. 962.
[176] *Kelsen*, Hauptprobleme, S. 511/512.
[177] Die Grundnorm wird von Kelsen erstmalig behandelt in: Reichsgesetz und Landesgesetz nach der österreichischen Verfassung, AöR 32 (1914), S. 208 ff. Zur späteren Normauffassung Kelsens s. u. Teil 2, § 3, 2.

§ 1: Die Rechtstheorie Kelsens vor Übernahme der Stufenbaulehre

mik. Zwar sind es schließlich die Erkenntnisse Merkls, die Kelsen veranlassen, seine in der 1. Auflage der ‚Hauptprobleme' noch ausschließlich statische Betrachtungsweise, nämlich die Vorstellung der Rechtsordnung „als eines in sich ruhenden Systems genereller Normen"[178], ebenso wie die den Rechtsbereich nur unvollständig erfassende Ansicht, daß das Gesetz „der Inbegriff der Rechtssätze" sei[179], aufzugeben. Auch insoweit ist die 1. Auflage der ‚Hauptprobleme' im Grunde aber ebenfalls schon geradezu darauf angelegt, von einer statischen zu einer dynamischen Rechtstheorie fortzuschreiten. Denn auch hier bewegt sich Kelsen mit seiner Anschauung von einer „allrechtlichen Natur des Staates"[180] sehr dicht an der Grenze zur vollständigen und durchgängigen Identifizierung von Recht und Staat und damit der Erkenntnis, daß auch die das Recht vollziehenden Staatsakte selbst zugleich Rechtsakte sind, wenn er schreibt: „Die staatliche Natur des Rechtes und die rechtliche Natur des Staates bedeuten materiell nichts verschiedenes; es sind nur die beiden Seiten einer Medaille; den Kernpunkt bildet die substantielle, nicht formale Identität von Recht und Staat. Die Vorstellung von dem Verhältnis zwischen beiden ist eine der unbeweisbaren subjektiven Voraussetzungen aller Rechts- und Staatsphilosophie[181]." Von daher ist der Schritt zu der weiteren Erkenntnis naheliegend, daß sämtliche Staatsakte, nicht nur die generellen Gesetze, sondern auch die weiteren, sich in Anwendung der generellen Gesetze konkretisierenden Handlungen des Staates Rechtsakte und, mit Ausnahme des tatsächlichen Zwangsvollzugsaktes, zugleich auch Rechtsnormen, nämlich Ausdruck des normativen Staatswillens zur Rechtsfolge sind. Wie Kelsen selbst sagt, ist es im Grunde nur ein „Zurückschrecken" vor der handgreiflichen Konsequenz gewesen, auch die letzte, noch irgendwie geartete Differenzierung zwischen Staat und Recht aufzugeben[182]. Und hier liegt vor allem die Bedeutung Merkls innerhalb des Systems der Reinen Rechtslehre, mit seiner Stufenbaulehre als einer Theorie der Rechtsdynamik den Weg frei gemacht zu haben für die Einsicht, die einer der Grundpfeiler der Wiener rechtstheoretischen Schule geworden ist, daß nämlich die Rechtsordnung nicht nur die generellen, sondern auch die individuellen Rechtsakte umfaßt, daß also nicht nur die abstrakte Willensäußerung des Staates, sondern auch seine sich zunehmend konkretisierenden Akte Rechtsqualität haben: „So wie der konkrete Baum um der wenigen, dem abstrakten Begriffe entsprechenden Merkmale willen

---

[178] *Kelsen*, Vorrede zur 2. Aufl. der Hauptprobleme, S. XII; Allgemeine Staatslehre, S. 232.
[179] *Kelsen*, Hauptprobleme, S. 183; 502 ff.
[180] *Kelsen*, Hauptprobleme, S. 253.
[181] *Kelsen*, Hauptprobleme, S. 253 Fn. 1.
[182] *Kelsen*, Vorrede zur 2. Aufl. der Hauptprobleme, S. XIV.

Baum, aber in seiner Totalität, mit allen seinen Merkmalen Baum ist, so muß der konkrete Staatsakt zwar wegen, nicht aber nur hinsichtlich seiner Entsprechung in bezug auf die generellen Normen Recht sein; er ist in seiner Totalität Recht. Die individuellen Staatsakte der Vollziehung müssen als Rechtsnormen, und ihr den Inhalt der generellen Norm überschreitender Inhalt muß als Inhalt von Rechtssätzen begriffen werden, wenn er rechtlich überhaupt begriffen werden soll. Also muß die Rechtsordnung nicht nur die generellen, sondern auch die individuellen Rechtsnormen umfassen[183]."

Endlich erweist auch die schon in den ‚Hauptproblemen' von 1911 enthaltene Auseinandersetzung Kelsens mit dem Strukturphänomen des freien Ermessens, ohne das, wie bereits im 1. Teil der vorliegenden Arbeit dargelegt, die Stufenbautheorie nicht denkbar wäre, die auch den ‚Hauptproblemen' immanente Affinität zu einer dynamischen Betrachtungsweise des Rechts. Bereits hier beschreibt Kelsen das freie Ermessen als eine begriffsnotwendige Rechtsstruktur, da „mit jeder Ausführung fremden Willens ... eine mehr oder weniger weitgehende Ermessensfreiheit notwendig verbunden" sei[184]: sämtliche Staatsakte unterschieden sich deshalb nur graduell, nicht aber prinzipiell in bezug auf das Vorhandensein eines Ermessensspielraumes[185].

§ 2: Die Rezeption der Stufenbautheorie Merkls in das System der Reinen Rechtslehre

In Übernahme der Lehre Merkls begreift Kelsen seit dem Beginn der zwanziger Jahre den strukturellen Aufbau einer positiven Rechtsordnung nicht mehr als ein System gleichgeordneter, sondern als einen Stufenbau einander über- und untergeordneter Rechtserscheinungen[186]. Und wie für Merkl, so ist nun auch für Kelsen die Einsicht in den Stufenbau einer Rechtsordnung Ausdruck der dem Recht innewohnenden Dynamik: „Die Lehre vom Stufenbau der Rechtsordnung erfaßt das Recht in seiner Bewegung, in dem ständig sich erneuernden Prozeß seiner Selbsterzeugung. Es ist eine dynamische, zum Unterschied von einer statischen Theorie des Rechts, die das Recht ohne Rücksicht auf seine Erzeugung, nur als erzeugte Ordnung, seine Geltung, seinen Geltungsbereich usw. zu begreifen sucht. Im Mittelpunkt der Probleme

---

[183] *Kelsen*, Vorrede zur 2. Aufl. der Hauptprobleme, S. XIII/XIV.
[184] *Kelsen*, Hauptprobleme, S. 505.
[185] *Kelsen*, Hauptprobleme, S. 503 ff. (507); zum freien Ermessen s. u. Teil 2, § 4, 1.
[186] *Kelsen*, Vom Wesen und Wert der Demokratie, S. 67 f.; Die Selbstbestimmung des Rechts, WRS S. 1446; Justiz und Verwaltung, WRS S. 1786; Die Funktion der Verfassung, WRS S. 1979.

§ 2: Die Rezeption der Stufenbautheorie in die Reine Rechtslehre

einer Rechtsdynamik steht die Frage nach den verschiedenen Methoden der Rechtserzeugung oder nach den Formen des Rechts[187]."

Auf die von Merkl konstatierte Eigentümlichkeit des Rechts, seine eigene Erzeugung zu regeln[188], weist auch Kelsen nachdrücklich hin[189]. Dabei gehe diese Selbsterzeugung des Rechts nicht nur in der Weise vor sich, daß eine bedingende Norm das formelle Verfahren bestimme, in dem eine andere, bedingte Rechtserscheinung erzeugt werde, sondern es könne durch die die Erzeugung regelnde Norm auch eine materielle Determinierung des bedingten Rechtsaktes erfolgen, wobei diese Inhaltsbestimmung aber immer nur eine partielle sein könne[190]. Für die im parlamentarisch-demokratischen Rechtsstaat typischen positiven Rechtsformen führt Kelsen zu dieser graduellen Inhaltsbestimmung der erzeugten durch die erzeugende Stufe aus, daß dabei im Verhältnis zwischen Verfassung und Gesetz die Regelung des Verfahrens überwiege, während im Verhältnis zwischen Gesetz und richterlichem Urteil bzw. Verwaltungsakt ein ungefähres Gleichgewicht zwischen Verfahrensregelung und Inhaltsbestimmung anzutreffen sei. Daß jedoch auch die Gesetzesstufe durch die ihre Erzeugung regelnden Normen der Verfassungsstufe inhaltlich bestimmbar sei, werde beispielsweise an der entweder negativen oder auch positiven Inhaltsbestimmung der Gesetze durch die verfassungsrechtliche Normierung von Grund- und Freiheitsrechten deutlich[191].

---

[187] *Kelsen*, Reine Rechtslehre, 2. Aufl. S. 283; Vorrede zur 2. Aufl. der Hauptprobleme, S. XIV; Allgemeine Staatslehre, S. 248 f.
[188] Vgl. oben Teil 1, § 2, 5.
[189] *Kelsen*, Allgemeine Staatslehre, S. 234; Reine Rechtslehre, 2. Aufl. S. 73; 228.
[190] *Kelsen*, Reine Rechtslehre, 2. Aufl. S. 228.
[191] *Kelsen*, Zur Theorie der Interpretation, WRS S. 1363 f.; Der Begriff der Rechtsordnung, WRS S. 1400; Zum Verhältnis von Form und Inhalt in der Stufenbautheorie vgl. auch oben Teil 1, § 1, 1.
Angesichts dieser eindeutigen Aussagen Kelsens über das Verhältnis von materiellem und formellem Recht erscheint die Kritik Hausers, Kelsen verbanne den Inhalt als rechtliches Element aus seinem System, unzutreffend. Wenn *Hauser*, Norm, Recht und Staat, S. 161, Kelsen vorhält, „die Unterscheidung von formal-delegativer und meritorisch-fixierender Aussage des Normeninhalts (gewinne) im Rahmen des Stufenbaus eine Bedeutung, die gerade im Hinblick auf die logisch geschlossene Struktur ganz einfach nicht übersehen werden darf", und Kelsen habe sich „mit dem Unterschied zwischen formalen und inhaltlichen Bedingungen überhaupt nicht beschäftigt", so zeigen die obigen Ausführungen Kelsens, daß der Unterschied zwischen formalen und inhaltlichen Bedingungen sehr wohl seine Aufmerksamkeit gefunden hat; zwar nicht im Sinne einer auf eine konkrete Rechtsordnung ausgerichteten Betrachtung, wohl aber entsprechend der Ausrichtung der Stufenbaulehre als einer allgemeinen Strukturlehre. Ebenso ging es auch Merkl nie allein darum, den rechtlichen Stufenbau nur als Abfolge von Verfahrensregeln zu begreifen. Vielmehr hat auch er das Strukturphänomen der graduellen Inhaltsbestimmung ausführlich erörtert, vgl. oben Teil 1, § 2, 6. Es ist gerade eines der wesentlichen Erkenntnisziele

Die der Stufenbautheorie zugrundeliegende Fragestellung, was nämlich die Einheit einer Vielheit von Normen begründet, und worin der Geltungsgrund einer Norm zu suchen ist[192], beantwortet Kelsen zusammenfassend so: „Da bei dem dynamischen Charakter des Rechts eine Norm darum gilt, weil und sofern sie auf eine bestimmte, das heißt, durch eine andere Norm bestimmte Weise erzeugt wurde, stellt diese den unmittelbaren Geltungsgrund für jene dar. Die Beziehung zwischen der die Erzeugung einer anderen Norm regelnden und der bestimmungsgemäß erzeugten Norm kann in dem räumlichen Bild der Über- und Unterordnung dargestellt werden. Die die Erzeugung regelnde ist die höhere, die bestimmungsgemäß erzeugte ist die niedere Norm. Die Rechtsordnung ist nicht ein System von gleichgeordneten, nebeneinanderstehenden Rechtsnormen, sondern ein Stufenbau verschiedener Schichten von Rechtsnormen. Ihre Einheit ist durch den Zusammenhang hergestellt, der sich daraus ergibt, daß die Geltung einer Norm, die gemäß einer anderen Norm erzeugt wurde, auf dieser anderen Norm beruht, deren Erzeugung wieder durch andere bestimmt ist; ein Regreß, der letztlich in der — vorausgesetzten — Grundnorm mündet. Die — in diesem Sinne — hypothetische Grundnorm ist sohin der oberste Geltungsgrund, der die Einheit dieses Erzeugungszusammenhanges stiftet[193]."

Aus der Erkenntnis, daß die Erzeugung einer Norm in Anwendung einer ihre Erzeugung regelnden anderen Norm bzw. mehreren anderen Normen abläuft, folgt auch für Kelsen die durchgängige Parallelität von Rechtserzeugung und Rechtsanwendung bzw. die Einsicht in die bloße

---

der Stufenbaulehre, die Strukturen des Rechtsinhaltstransportes in den Rechtsordnungen zu erklären. Nur so auch gelangen Merkl und Kelsen überhaupt zur Einsicht in die autonome Determinante, der prinzipiell nur partiell möglichen inhaltlichen Determinierbarkeit des zu erzeugenden Aktes durch die Erzeugungsregel.

Der Irrtum, Kelsen liefere eine rein formale Betrachtung des Rechts unter Vernachlässigung der inhaltlichen Rechtselemente und ihrer Auswirkungen auf die Rechtsstrukturen, mag auf die These Kelsens zurückzuführen sein, „jeder beliebige Inhalt" könne Recht sein, *Kelsen*, Reine Rechtslehre, 2. Aufl. S. 201. Nur betrifft diese Aussage nicht die strukturelle Gestaltung eines einmal positiv gesetzten Rechtsinhaltes durch den stufenförmigen Ablauf des Rechtsetzungs- und Rechtskonkretisierungsprozesses hindurch, sondern sie bezieht sich einzig und allein auf die Frage der Meßbarkeit positiver Rechtsinhalte an einem metarechtlichen wie z. B. an einem naturrechtlichen Maßstab. Kelsens Aussage, jeder beliebige Inhalt könne Recht sein bzw. werden, betrifft demnach ausschließlich das Problem der Geltungsgrundlage einer positiven Rechtsordnung, womit die Frage nach der inhaltlichen Struktur einer positiven Rechtsordnung, d. h. nach Art und Weise des Transports der Rechtsinhalte, nicht verwechselt werden darf.

[192] *Kelsen*, Reichsgesetz und Landesgesetz nach der österreichischen Verfassung, S. 207; Das Problem der Souveränität, S. 93; General Theory of Law and State, S. 110.

[193] *Kelsen*, Reine Rechtslehre, 2. Aufl. S. 228.

§ 3: Sein und Sollen, Grundnorm und autonome Determinante 55

Relativität des Gegensatzes von Rechtserzeugung und Rechtsanwendung: „Es ist unzutreffend, zwischen rechtserzeugenden und rechtsanwendenden Akten zu unterscheiden. Denn wenn man von den Grenzfällen — der Voraussetzung der Grundnorm und der Vollstreckung des Zwangsaktes — absieht, zwischen denen sich der Rechtsprozeß abspielt, ist jeder Rechtsakt zugleich die Anwendung einer höheren Norm und die durch diese Norm bestimmte Erzeugung einer niederen Norm[194]." Sehr anschaulich hat Kelsen dabei die Besonderheit der Grundnorm und der Stufe des letzten tatsächlichen Zwangsvollzugsaktes als reine Rechtserzeugung bzw. reine Rechtsanwendung gekennzeichnet: „Am Ende — oder am Anfang, je nach der Blickrichtung — steht das Wort oder die Tat[195]."

Der Anschauung einer Rechtsordnung als eines genetischen Systems formell differenzierter Rechtsakte entspricht dann die Übernahme der Erkenntnis Merkls, daß in den einzelnen Rechtsstufen sich jeweils immer nur ein bloßes Durchgangsstadium des Rechtsetzungsprozesses als eines Ablaufs der Individualisierung der Rechtsformen und der Konkretisierung der Rechtsinhalte manifestiert: „Dieser Prozeß, in dem das Recht sich gleichsam selbst immer wieder von neuem erzeugt, ... ist ein Prozeß stetig zunehmender Individualisierung oder Konkretisierung[196]."

§ 3: Die theoretischen Grundlagen der Stufenbautheorie im System der Reinen Rechtslehre: Disparität von Sein und Sollen, Grundnorm und autonome Determinante

1. Überblick

Wie in den folgenden Kapiteln darzustellen sein wird, ergeben sich vor allem dort aus dem System der Reinen Rechtslehre weitgehende Konsequenzen für die Stufenbautheorie, wo die Grenzbereiche des Rechts betroffen sind: es sind dies die Problemkreise der Grundnorm als Abschluß des positiven Rechts gegen überpositive metarechtliche Geltungsgrundlagen und der autonomen Determinante als Abgrenzung der spezifisch normativ-rechtlichen Entscheidungsprämissen gegenüber den komplementär zu berücksichtigenden faktisch-sozialen rechtspoliti-

---

[194] *Kelsen*, Reine Rechtslehre, 2. Aufl. S. 240; dazu auch: Allgemeine Staatslehre, S. 231 ff.; General Theory, 132 ff.; Die Lehre von den drei Gewalten oder Funktionen des Staates, WRS S. 1633 f.; Wesen und Entwicklung der Staatsgerichtsbarkeit, WRS S. 1814 f.; Zu Grundnorm und Vollzugsakt als Pole einer Rechtsordnung s. o. Teil 1, § 2, 2.
[195] *Kelsen*, Allgemeine Staatslehre, S. 250.
[196] *Kelsen*, Reine Rechtslehre, 2. Aufl. S. 242; Allgemeine Staatslehre, S. 233 f.; Die Lehre von den drei Gewalten, WRS S. 1632 f.; General Theory of Law and State, S. 124.

schen Dezisionsmaßstäben. Beide Problemkreise hängen dabei untrennbar mit Kelsens These der Disparität von Sein und Sollen zusammen. Soweit es um die Grundnormproblematik geht, ist dieser Hinweis beinahe überflüssig: Grundnorm und Disparität von Sein und Sollen sowie der theoretische Zusammenhang beider sind diejenigen Grundpositionen der Reinen Rechtslehre, die wohl von jeher am heftigsten umstritten worden sind[197]. Angesichts des Übermaßes an unfruchtbarer Kritik, die auf diese beiden Axiome Kelsens verwendet worden ist, ohne daß in den meisten Fällen die Kritik darüberhinaus zu einer weitergehenden Beschäftigung mit den Erkenntnissen der Reinen Rechtslehre vorgedrungen wäre — ein Phänomen, das man, wie Achterberg zu Recht bemerkt, „nur mit fassungslosem Staunen" registrieren kann[198] —, ergibt sich die Frage, ob eine Fortsetzung der Diskussion um die Grundnorm und die Disparität von Sein und Sollen überhaupt noch sinnvoll ist, und nicht vielmehr versucht werden sollte, die Aufmerksamkeit darauf zu richten, daß möglicherweise wesentliche Erkenntnisse der Reinen Rechtslehre — namentlich im Bereich der Stufenbautheorie — auch ohne ein unbedingtes Festhalten am Grundsatz der Disparität von Sein und Sollen Anspruch auf Gültigkeit erheben können[199]. Solche Erwägungen sind indes nicht notwendig. Was die für das System der Reinen Rechtslehre grundlegende These der Disparität von Sein und Sollen betrifft, so hat Klug erneut in überzeugender und mit Kelsen übereinstimmender Weise den zwingenden Charakter der formallogischen Trennung von Sein und Sollen als Denkkategorien deutlich gemacht[200]: der Argumentationsweise klassischer Logik folgend, kann sich aus dem Obersatz einer logischen Schlußfigur in deren Untersatz ein Sollen nur dann ergeben, wenn in der Prämisse des Obersatzes bereits ein Element des Sollens vorhanden ist[201]. Eine andere Frage ist dabei das noch zu behandelnde Problem, ob Kelsens System, namentlich im Bereich der Grundnormhypothese, dieser Dichotomie von Sein und Sollen entspricht[202]. Im übrigen ist zu

---

[197] Vgl. zu der Vielzahl der Schriften, die das System Kelsens besonders in diesen beiden Punkten angreifen, etwa den Überblick bei *Larenz*, Methodenlehre der Rechtswissenschaft, 3. Aufl., S. 75 f., Fn. 85.
[198] *Achterberg*, Hans Kelsens Bedeutung in der gegenwärtigen deutschen Staatslehre, S. 453.
[199] Vgl. dazu *Achterberg*, Kelsen und Marx, S. 65, im Hinblick auf die Ergebnisse des Weltkongresses für Rechts- und Sozialphilosophie in Mailand/Gardone Riviera 1967; dazu *P. Schneider*, Vorwort S. 1 ff. (4), in: Sein und Sollen im Erfahrungsbereich des Rechtes, ARSP Beiheft n.F. 6 (1970), und *Neidert*, Sein und Sollen im Erfahrungsbereich des Rechtes, DÖV 1967 S. 846 f.
[200] Zu Kelsens Disparitätsthese s. u. Teil 2, § 3, 2.
[201] *Klug*, Die Reine Rechtslehre von Hans Kelsen und die formallogische Rechtfertigung der Kritik an dem Pseudoschluß vom Sein auf das Sollen, S. 153 ff.
[202] Vgl. dazu unten Teil 2, § 4, 3.

§ 3: Sein und Sollen, Grundnorm und autonome Determinante

der obigen Fragestellung auch nochmals darauf hinzuweisen, daß die Disparitätsthese letztlich die für Merkl begriffswesentlichen Strukturerkenntnisse über den Aufbau einer Rechtsordnung trägt: der Dualismus von Sein und Sollen ist von ausschlaggebender Bedeutung für die Frage, ob die hierarchische Struktur eines Rechtssystems zutreffend als idealrechtliche Grundstruktur aufgefaßt werden kann oder ob sie nur historisch-traditionell zufällig ist, ebenso wie für die Frage nach der Rechtswesenhaftigkeit des Delegationszusammenhanges als Grundlage der Normlogik, wie sie in der Stufenlehre konzipiert ist[203].

Dementsprechend geht es auch Achterberg vor allem darum, dem fruchtlosen Streit um die Reine Rechtslehre Einhalt zu gebieten und den Blick auf das Bemühen zu richten, die Strukturerkenntnisse in der Rechtstheorie Kelsens eingehender zu beleuchten und für weitere wissenschaftliche Diskussionen und Forschungen fruchtbar zu machen, und nicht etwa, die Kelsenschen Grundpositionen zu vernachlässigen oder abzulehnen. Achterberg selbst ist es, der erneut diese strittigen Thesen nachdrücklich im Sinne Kelsens erläutert und verteidigt, dabei aber nicht stehenbleibt, sondern die Blickrichtung über die Grenzen des Rechts zum Sein hinaus auf die inneren Rechtsstrukturen, wie sie im System der Reinen Rechtslehre beschrieben werden, lenkt[204]. Erst auf diese Weise wird es möglich, nicht nur die Abgrenzung des normativen Rechts vom sozialen, politischen und historischen Sein bzw. die Abgrenzung der Rechtswissenschaft als einer normative Strukturen beschreibenden Disziplin von den die faktische Rechtswirklichkeit untersuchenden explikativen Sozialwissenschaften, sondern zugleich auch ihre interdisziplinären Berührungspunkte zu erfassen. Dadurch, daß man auf eine „unaufhebbare soziale Permeabilität der sich im Gewande der Neutralität gefallenden positivistischen Jurisprudenz" verweist und anstelle des Dualismus' von Sein und Sollen „ein Kontinuum von Interessen und Aufgaben" setzt, „das die Gesellschaft in der Auseinandersetzung mit sich selbst und mit der Natur entwickele"[205], wird Kelsen in logischer Hinsicht nicht widerlegt und für die Frage nach dem Wesen des Rechts bzw. der Wissenschaft vom Recht nichts gewonnen. Und gegenüber der Aussage, daß „die Rechtswissenschaft sich zunehmend als Sozialwissenschaft verstanden wissen will"[206], kann man nur nüchtern konstatieren, daß Kelsens Bemühungen um eine vom Methodensynkretismus befreite Rechtswissenschaft bei Vielen zwar keine Resonanz

---

[203] Vgl. oben Teil 1, § 2, 2.
[204] *Achterberg*, Hans Kelsens Bedeutung in der gegenwärtigen deutschen Staatslehre, S. 453 f.; Kelsen und Marx, S. 43, 45 ff.
[205] *Fechner* bzw. *Philipps*, zitiert bei P. *Schneider*, ARSP Beiheft n.F. 6, S. 1 f.
[206] P. *Schneider*, ARSP Beiheft n.F. 6, S. 5.

gefunden haben mögen, daß ihre Notwendigkeit aber heute wie eh und je vorhanden ist. Nach wie vor gilt in diesem Punkt die Aussage Kants: „Wenn man eine Erkenntnis als Wissenschaft darstellen will, so muß man zuvor das Unterscheidende, was sie mit keiner anderen gemein hat und was ihr also eigentümlich ist, genau bestimmen können; widrigenfalls die Grenzen aller Wissenschaften ineinanderlaufen und keine derselben ihrer Natur nach gründlich abgehandelt werden kann[207]." Dieses Postulat methodischer Reinheit, dem Kelsen auch in den genannten Grenzbereichen zwischen Recht und Metarecht, zwischen Sollen und Sein, niemals untreu wird — auf das von vielen Kritikern behauptete Gegenteil wird noch einzugehen sein — führt dabei nicht zu der Konsequenz, daß der Jurist sich nur mit den Normen einer Rechtsordnung, und nicht auch mit deren sozialen, historischen, politischen und psychologischen Implikationen, kurz, mit dem sozialen Sein, dem eine normative Rechtsordnung als Instrument der Regelung und Ordnung gesellschaftlicher Verhältnisse zugeordnet ist, befassen dürfte: „Im Gegenteil! Solche (Untersuchungen) sind nötig; allein der Jurist muß sich stets bewußt bleiben, daß er als Soziologe, Psychologe oder Historiker einen ganz anderen Weg verfolgt, als jenen, der ihn zu seinen spezifisch juristischen Erkenntnissen führt, er darf die Resultate seiner explikativen Betrachtung niemals in seine normativen Begriffskonstruktionen aufnehmen[208]." Es wird nämlich nur zu häufig verkannt, daß es Kelsen zwar vor allem um die Beantwortung der Frage geht, wie die Jurisprudenz als eine dem positivistischen Wissenschaftsbegriff genügende Disziplin überhaupt denkbar und möglich ist[209], daß er dabei aber gleichwohl in seinem Rechtssystem deutlich gemacht hat, an welchen Stellen einer Rechtsordnung die Berührung des Rechts mit dem Sein erfolgt und in welchem methodisch-systematischen Zusammenhang die Beschäftigung des Juristen mit dem Bereich des Seins zu geschehen hat: für die Frage nach dem obersten Geltungsgrund eines Rechtssystems und dessen Abschluß gegenüber metarechtlichen Begründungsversuchen ist dies die Grundnormhypothese, während die Korrelation von Faktizität und Normativität im Rechtserzeugungs- und Rechtsanwendungsprozeß systematisch in den Bereich der autonomen Determinante der einzelnen Rechtserzeugungsstufen eingeordnet wird.

Für die folgende Auseinandersetzung mit den Grundpositionen der Rechtstheorie Kelsens als Fundament der Stufenbaulehre scheint vor allem beherzigenswert, was Pitamic zu einer der möglichen Ursachen des Streits zwischen der Reinen Rechtslehre und ihren Gegnern sagt: „Der Hauptgrund dürfte in gewissen Mißverständnissen liegen, an

---

[207] *Kant*, Prolegomena, S. 13.
[208] *Kelsen*, Hauptprobleme der Staatsrechtslehre, S. 42.
[209] *Kunz*, Rezension von Sander, Staat und Recht, AöR 44 (1923), S. 261.

§ 3: Sein und Sollen, Grundnorm und autonome Determinante 59

deren Beseitigung von keiner Seite gearbeitet wird. Gerade in unserem Falle sind eben die Voraussetzungen für den leider in der Jurisprudenz so häufigen, typischen und total unfruchtbaren Streit in reichem Maße gegeben, in dem zwei verschiedene berechtigte wissenschaftliche Richtungen einen Ausdruck für verschiedene Begriffe je in ihrem Sinne verwenden; jedes der beiden Lager nimmt an, daß in seinem Sinne der betreffende Ausdruck auch vom anderen Lager verstanden werde und wundert sich sehr, daß die anderen nicht zu demselben Resultate kommen, was gerade dann, wenn logisch korrekt vorgegangen wird, unmöglich ist. Daß man den Gegner auf diese Weise ad absurdum führen kann, ist klar; er kann es aber ebenso, woraus sich das absolut Sterile des Streites ergibt[210]."

2. Die Disparität von Sein und Sollen

Kelsen verfolgt mit seiner reinen Rechtstheorie das Ziel, eine „nur ... auf das Recht gerichtete Erkenntnis sicher(zu)stellen"[211]. Diesem Ausgangspunkt entspricht es, daß er einen Unterschied macht zwischen dem äußeren Tatbestand eines Aktes und seiner rechtlichen Bedeutung: „Analysiert man nämlich irgendeinen der als Recht gedeuteten oder mit dem Recht in irgendeinem Zusammenhang stehenden Tatbestände ..., so kann man zwei Elemente unterscheiden: das eine ist ein in Raum und Zeit vor sich gehender, sinnlich wahrnehmbarer Akt, oder eine Reihe solcher Akte, ein äußerer Vorgang menschlichen Verhaltens; das andere seine rechtliche Bedeutung, das heißt die Bedeutung, die der Akt von Rechts wegen hat[212]." Dabei ist der äußere, kausal-gesetzlich bestimmte Tatbestand „nicht Gegenstand spezifisch juristischer Erkenntnis und sohin überhaupt nichts Rechtliches". Bestimmt man mit Kelsen als Gegenstand rechtswissenschaftlicher Erkenntnis ausschließlich das positive Recht, so ist es nur konsequent, wenn als rechtliches Element eines jeweils in Frage stehenden Aktes nur diejenige Sinngebung erkannt wird, die sich aus der Beziehung dieses Aktes zu dem einzig als Recht erkennbaren Gegenstand' wissenschaftlicher Untersuchung ergibt, nämlich die das positive Recht konstituierenden Normen: „Den spezifisch juristischen Sinn, seine eigentümlich rechtliche Bedeutung erhält der fragliche Tatbestand durch eine Norm, die sich mit ihrem Inhalt auf ihn bezieht, die ihm die rechtliche Bedeutung verleiht, so daß der Akt nach dieser Norm gedeutet werden kann[213]."

---
[210] *Pitamic*, Denkökonomische Voraussetzungen der Rechtswissenschaft, ÖZÖR 1917, S. 343.
[211] *Kelsen*, Reine Rechtslehre, 2. Aufl. S. 1; Vorrede zur 2. Aufl. der Hauptprobleme der Staatsrechtslehre, S. V f.; Das Problem der Souveränität, Vorrede S. V ff.; Staat und Recht, WRS S. 149 f.; Allgemeine Staatslehre, S. 18.
[212] *Kelsen*, Reine Rechtslehre, 2. Aufl. S. 2.
[213] *Kelsen*, Reine Rechtslehre, 2. Aufl. S. 3.

Um den objektiven, das heißt, den spezifisch juristischen Sinn eines in Raum und Zeit gesetzten Aktes menschlichen Verhaltens ermitteln zu können, bedarf es also der positivrechtlichen Normen in ihrer Funktion als Deutungsschemata[214]. Daraus folgert Kelsen für die Frage nach dem rechtlich objektiven gegenüber seinem bloß subjektiven Sinn eines Aktes, daß maßgebendes Kriterium für die Rechtsqualität die Übereinstimmung zwischen dem Inhalt eines tatsächlichen Geschehens und dem Inhalt einer als gültig angenommenen Norm ist[215]. Der Begriff der Norm ist demnach so zu definieren, „daß etwas sein oder geschehen, insbesondere, daß sich ein Mensch in bestimmter Weise verhalten soll"[216]. Diesem Begriff des Sollens korrespondiert dabei nicht nur ein Gebieten, sondern er umfaßt auch das Dürfen und Können: mit Sollen ist Kelsens Terminologie zufolge ganz allgemein „der normative Sinn eines intentional auf das Verhalten anderer gerichteten Aktes" gemeint[217]. Dementsprechend ist eine Norm der spezifische Sinn eines intentional auf das Verhalten anderer gerichteten Aktes[218]. Dabei ist dieser spezifische, objektive Sinn einer Norm nach Kelsen streng zu unterscheiden von dem tatsächlichen Willensakt, der jeder Norm mit ihrem spezifisch normativen Sinn zugrundeliegt: „Denn die Norm ist ein Sollen, der Willensakt, dessen Sinn sie ist, ein Sein."[219] Für diesen Unterschied zwischen normativem Sinn einer Norm und tatsächlichem Willensakt gilt, daß die Aussage eines normativen Sollens sich nicht auf die Aussage eines tatsächlichen Seins reduzieren läßt; wir finden uns mit dem Phänomen der Disparität von Sein und Sollen konfrontiert, dessen Bedeutung für die Reine Rechtslehre und zugleich für die theoretischen Grundlagen der Stufenbautheorie Kelsen folgendermaßen beschreibt: „Die logische Unterscheidung zwischen Sein und Sollen und die Unmöglichkeit, im Wege einer logischen Schlußfolgerung aus dem Bereich des einen in den des anderen zu gelangen, ist eine der wesentlichen Positionen der Reinen Rechtslehre[220]." Dabei sind für Kelsen sowohl das Sein als auch das Sollen Denkmodi, „letzte, nicht weiter ableitbare Kategorie(n)"[221]. Der unaufhebbare Dualismus von Sein und Sollen ist für Kelsen unserem Bewußtsein unmittelbar ge-

---

[214] *Kelsen*, Reine Rechtslehre, 2. Aufl. S. 3.
[215] *Kelsen*, Reine Rechtslehre, 2. Aufl. S. 4.
[216] *Kelsen*, Reine Rechtslehre, 2. Aufl. S. 4; Der Begriff der Rechtsordnung, WRS S. 1396.
[217] *Kelsen*, Reine Rechtslehre, 2. Aufl. S. 5; Zum Begriff der Norm, WRS S. 1457.
[218] *Kelsen*, Reine Rechtslehre, 2. Aufl. S. 4; Vom Geltungsgrund des Rechts, WRS S. 1418 ff. (1421).
[219] *Kelsen*, Reine Rechtslehre, 2. Aufl. S. 5.
[220] *Kelsen*, Was ist die Reine Rechtslehre?, WRS S. 615; Über Grenzen zwischen juristischer und soziologischer Methode, WRS S. 6/7.
[221] *Kelsen*, Hauptprobleme der Staatsrechtslehre, S. 70.

§ 3: Sein und Sollen, Grundnorm und autonome Determinante

geben und nicht weiter erklärbar: „Niemand kann leugnen, daß die Aussage: etwas ist — das ist die Aussage, mit der eine Seins-Tatsache beschrieben wird — wesentlich verschieden ist von der Aussage: daß etwas sein soll — das ist die Aussage, mit der eine Norm beschrieben wird; und daß daraus, daß etwas ist, nicht folgen kann, daß etwas sein soll, so wie daraus, daß etwas sein soll, nicht folgen kann, daß etwas ist[222]."

Die Bedeutung dieses Axioms der Disparität von Sein und Sollen für die Stufenbautherie ist evident: wenn aus einem tatsächlichen Sein niemals ein normatives Sollen, und aus einem Sollen kein Sein entstehen kann, so kann eine Norm — als dem Bereich des Sollens zugehörig — ihre Geltung immer nur aus einem anderen Sollen, d. h. aus einer anderen Norm ableiten: „Der Geltungsgrund einer Norm kann nur die Geltung einer anderen Norm sein[223]." Damit scheiden die sogenannte ‚Natur der Sache' oder die ‚normative Kraft des Faktischen' als Rechtsquellen im Stufenbau einer Rechtsordnung aus[224], denn beide gehören dem Bereich des Seins an.

Aus der Verbindung der Einsicht in den ausschließlich normativen Charakter der Geltungsgrundlage einer Rechtsnorm mit der theoretischen Festsetzung, daß die Stufenbaulehre „das Recht in seiner Bewegung", also in einer auf die Rechtsdynamik gerichteten Sichtweise erfassen will[225], ergibt sich auch die Antwort auf die Frage nach dem Rangverhältnis der Rechtsnormen in einem Rechtssystem. Denn offenbart eine rechtsdynamische Betrachtungsweise die Eigentümlichkeit des Rechts, seine Erzeugung selbst zu regeln, indem — entsprechend dem Grundsatz der Disparität von Sein und Sollen — nur eine Rechtsnorm bzw. ein Gefüge von Rechtsnormen die Bedingungen der Entstehung und der Geltung einer anderen Rechtserscheinung enthalten[226], so kann Kriterium der Höherrangigkeit von Rechtsnormen sinnvollerweise nur die im oben genannten Sinne kreative Eigenschaft einer Norm im Hinblick auf eine andere, zu erzeugende Norm sein: „Eine Norm, die den Geltungsgrund einer anderen Norm darstellt, wird figürlich als die höhere im Verhältnis zu einer niederen Form bezeichnet[227]." Dabei wird diese — ausschließlich dem normativen Sollens-

---

[222] *Kelsen*, Reine Rechtslehre, 2. Aufl. S. 5; ebenso: General Theory of Law and State, S. 36; Der Begriff der Rechtsordnung, WRS S. 1396.
[223] *Kelsen*, Reine Rechtslehre, 2. Aufl. S. 196; Der Begriff der Rechtsordnung, WRS S. 1396; General Theory, S. 39.
[224] *Achterberg*, Probleme der Funktionenlehre, S. 37; Kelsen und Marx, S. 46 mit weiteren Nachweisen.
[225] Vgl. oben Teil 1, § 2, 5 und Teil 2, § 2.
[226] s. o. Teil 1, § 2, 5 und Teil 2, § 2.
[227] *Kelsen*, Reine Rechtslehre, 2. Aufl. S. 196; Der Begriff der Rechtsordnung, WRS S. 1396; General Theory of Law and State, S. 124.

bereich zugehörende — kreative Funktion der Rechtsnormen durch den Merklschen Bedingungszusammenhang adäquat gekennzeichnet, demzufolge eine Rechtsnorm bedingend ist, wenn sie die Voraussetzung der Entstehung und Geltung für andere, von ihr bedingte Rechtserscheinungen enthält[228].

Aus der Disparität von Sein und Sollen folgt logisch zwingend zugleich die Frage nach dem letzten, obersten Geltungsgrund einer positiven Rechtsordnung. Für das System eines rechtlichen Stufenbaus ergibt sich nämlich daraus, daß die Faktizität als Geltungsgrundlage von Normen und Gesamtrechtssystem ausscheidet, die theoretische Notwendigkeit einer ausschließlich normlogischen Begründung der obersten Geltungsgrundlage. Dabei kommen auch naturrechtliche Systeme oder andere metarechtliche Elemente wie theologisch-metaphysische Begründungskonstruktionen nicht in Betracht, denn „aus der Natur, das ist: dem tatsächlichen Verhalten der Dinge und Menschen, Normen zu deduzieren, die ein bestimmtes Verhalten der Menschen vorschreiben, ist der logisch unmögliche Versuch, aus dem Sein auf ein Sollen zu schließen"[229]. Auch der Rekurs auf eine historisch erste Staatsverfassung kann nur zu der Einsicht führen, daß auch diese zeitlich früheste Verfassung einer jeweiligen Staats- und Rechtsordnung nur wieder die Frage nach ihrer eigenen Geltung aufgibt, ohne damit selbst letzte Geltungsgrundlage der in Frage stehenden positiven Rechtsordnung sein zu können, und dasselbe gilt sinngemäß für die Stufe des Völkerrechts: auch diese Rechtsstufe würde hinsichtlich ihrer Funktion für die Suche nach der letzten Geltungsbegründung einer Rechtsordnung nur die Kette der Geltungs- und Ableitungszusammenhänge verlängern, bliebe dabei aber ebenfalls hinsichtlich ihrer eigenen Geltungsbegründung offen[230].

Kelsen bestimmt das Wesen der obersten Normstufe, die zum Ausgangspunkt sämtlicher Geltungsherleitung in einer Rechtsordnung wird, letztlich aus der Überlegung heraus, daß, da die Suche nach dem letzten Geltungsgrund eines Rechtssystems nicht ins Endlose gehen könne, die höchste Normstufe auf einer Annahme beruhen müsse. Diese über der obersten positivrechtlich gesetzten Norm stehende Geltungsgrundlage werde darum vorausgesetzt, weil die Entstehungs- und Geltungsgrundlage dieser letzten, höchsten Normstufe definitionsgemäß nicht mehr aus noch höheren Normen ableitbar sei. Kelsen bezeichnet diese oberste Norm als Grundnorm. Der Grund der Geltung

---

[228] Vgl. oben Teil 1, § 2, 1.
[229] *Kelsen*, Die Selbstbestimmung des Rechts, WRS S. 1448; Recht und Logik, WRS S. 1474.
[230] *Kelsen*, Reine Rechtslehre, 2. Aufl. S. 203.

§ 3: Sein und Sollen, Grundnorm und autonome Determinante

dieser Grundnorm werde, da man sie gerade als letzte Geltungsgrundlage voraussetze, nicht mehr in Frage gestellt[231].

Bevor wir uns nunmehr im Einzelnen den erkenntnistheoretischen Grundlagen der Grundnorm als zentralen Bestandteils der Stufenbautheorie[232] zuwenden, sei darauf aufmerksam gemacht, daß die Einwendungen gegen die Disparitätsthese Kelsens keineswegs stillschweigend übergangen werden sollen. Nur erscheint es sinnvoll, die Kritik an der Trennung von Normativität und Faktizität im System der Reinen Rechtslehre im Zusammenhang mit den Einwendungen gegen die Grundnormtheorie Kelsens zu untersuchen, denn beide Positionen sind, auch was die Diskussion ihrer Richtigkeit und Haltbarkeit betrifft, sinnvoll nicht voneinander trennbar: zum einen ist die Grundlage der Grundnormproblematik, wie gezeigt, unauflöslich in die These der Disparität von Sein und Sollen eingebettet. Zum anderen ist es auffallend, daß die Kritiker Kelsens weniger das Axiom der Disparität von Sein und Sollen unmittelbar zu widerlegen versuchen, sondern es ihnen vielmehr darum zu gehen scheint, den Nachweis zu erbringen, daß Kelsen die von ihm vertretene Disparitätsthese nicht durchzuhalten vermöge: dies wird vor allem deutlich an dem Vorwurf, die Grundnorm erfülle ihre von Kelsen postulierte theoretische Funktion nicht, rein normative, ausschließlich dem Bereich des Sollens zugehörige oberste Geltungsgrundlage einer Rechtsordnung zu sein. Denn da auch Kelsen, um gewisse Akte als rechtserzeugende Akte, als Normen deuten zu können, das Erfordernis einer im großen und ganzen wirksamen Verfassung machen müsse[233], erweise die Grundnormhypothese wegen dieses Effektivitätsmomentes ihre Ungeeignetheit, eine Rechtsordnung hinsichtlich ihrer Geltung ausschließlich normlogisch begründen zu können. Auch Kelsen müsse letztlich in den Bereich der Faktizität zurückkehren, wenn er die Wirksamkeit einer Rechtsordnung als Geltungsvoraussetzung anerkenne. Die von ihm behauptete Unableitbarkeit des Sollens aus dem Sein ende in der Faktizität[234].

---

[231] *Kelsen,* Reichsgesetz und Landesgesetz, S. 210 ff.; Allgemeine Staatslehre, S. 249 f.; Reine Rechtslehre, 2. Aufl. S. 196 ff.
[232] s. o. Teil 1, § 4 a. E.
[233] Das trifft zwar zu, vgl. z. B. *Kelsen,* Das Problem der Souveränität, S. 96 ff.; Reine Rechtslehre, 2. Aufl. S. 204, ohne daß dieses Wirksamkeitserfordernis in der Grundnormformulierung aber, wie noch darzulegen sein wird, die von Kelsens Kritikern angenommenen Konsequenzen für die Haltbarkeit seiner Theorie bedingte.
[234] So z. B. *Larenz,* Methodenlehre, S. 79 f.

3. Die Grundnormtheorie

a) Die Grundnorm als hypothetische Geltungsgrundlage

Wenn die Stufenbautheorie die Struktur eines Rechtssystems in der Weise beschreibt, daß die Normen dieser Rechtsordnung ein durchgängiges genetisches System bilden, dessen normlogischer Zusammenhang sich daraus ergibt, daß jede Norm — dem Grundsatz der Disparität von Sein und Sollen entsprechend — ihre Geltung nur aus einer anderen, sie bedingenden Norm ableiten kann, so stellt sich die Frage nach dem Geltungsgrund logischerweise auch für die den obersten Rang im Stufenbau einer Rechtsordnung einnehmende positivrechtlich gesetzte Rechtsstufe — im Rechtsstaat mit parlamentarischen Institutionen üblicherweise die Normstufe der Verfassung. Das aus dieser Frage nach dem Geltungsgrund der Verfassung einer Rechtsordnung resultierende Problem ist einleuchtend: wenn zum Recht einer Staats- und Rechtsordnung nur die positivrechtlich gesetzten Rechtserscheinungen gehören, die Verfassung dabei die, wenn man von der Rechtsstufe des Völkerrechts absieht[235], höchste positiv gesetzte Normstufe ist, aus der nur alle tieferrangigen, von ihr delegierten Normen, nicht aber die Verfassung selbst, ihre Geltung ableiten, wie kann dann die These richtig sein, Geltungsgrundlage einer Norm könne immer nur wiederum eine andere Norm sein? Dieses Problem, entsprechend dem Axiom des unaufhebbaren Dualismus' von Sein und Sollen, die Sollgeltung auch der positivrechtlich höchsten, d. h. von keiner anderen positivrechtlich gesetzten Norm mehr ableitbaren Normstufe der Verfassung — und damit die ausschließliche Sollgeltung einer Rechtsordnung überhaupt — begründen zu können, versucht Kelsen mit der Grundnormtheorie zu lösen[236].

Ausgehend von der Ablehnung, die die Annahme einer über der historisch ersten positivrechtlichen Verfassung stehenden noch höheren Rechtsautorität — wie Gott oder Natur — durch die Reine Rechtslehre erfährt, folgert Kelsen, daß die Norm, durch die die Geltung der Verfassungsnormen begründbar sei, sich von den positiven, durch Willensakte von zur Rechtsetzung berufenen Rechtsautoritäten gesetzten Normen dadurch unterscheiden müsse, daß sie selbst nicht mehr auf einem Willensakte beruhe, da eben jenseits der Stufe einer positiven Verfassung keine Rechtsautorität mehr erkannt werden könne, die willentlich eine solche, die Geltung der Verfassung begründende Norm setze[237].

---

[235] Zur Zulässigkeit, das Völkerrecht im Zusammenhang mit der Grundnormproblematik unberücksichtigt zu lassen, s. *Kelsen*, Die philosophischen Grundlagen der Naturrechtslehre und des Rechtspositivismus, WRS S. 300 Fn. 3; Was ist ein Rechtsakt?, WRS S. 1382 Fn. 1; Reine Rechtslehre, 2. Aufl. S. 203.
[236] *Kelsen*, Reine Rechtslehre, 2. Aufl. S. 207.
[237] *Kelsen*, Vom Geltungsgrund des Rechts, WRS S. 1423.

§ 3: Sein und Sollen, Grundnorm und autonome Determinante 65

Dementsprechend beruht die Grundnorm darauf, daß sie „überhaupt nicht durch einen Willensakt gesetzt, sondern im juristischen Denken vorausgesetzt ist"[238]. Sie ist nicht eine auf willentlicher Setzung beruhende, sondern eine bloß gedachte Norm, somit keine Norm des positiven Rechts[239], denn die positiven Rechtsnormen zeichnen sich gerade durch ihre Eigenschaft aus, daß sie als normativer Sinn der sie konstituierenden Willensakte gedeutet werden[240]. Demgegenüber hat die Grundnorm eine rein erkenntnistheoretische Funktion[241]: sie soll die „normativ-juristische Deutung"[242] einer jeweils ganz bestimmten, hinsichtlich ihrer Geltung in Frage stehenden positivrechtlichen Verfassung leisten. Und deren Geltung kann nach Kelsen überhaupt nur dadurch begründet werden, bzw. der subjektive Sinn eines verfassungsgebenden Aktes kann nur dann als dessen objektiv-normativer Sinn gedeutet werden, wenn eine Norm des Inhalts vorausgesetzt wird, daß man sich so verhalten soll, wie der Verfassungsgeber vorschreibt[243]. Denn geht man von einem letzten tatsächlichen Vollzugsakt in der Erforschung der Geltungsgrundlagen die einzelnen, im Bedingungs- und Erzeugungszusammenhang stehenden Normstufen hinauf[244], so muß ein solcher Rekurs schließlich bei einer historisch ersten Verfassung enden, die selbst nicht mehr auf eine frühere zurückgeführt werden kann: „Daß dieses erste historische Faktum den Sinn einer ‚Verfassung' habe ..., das wird von dem positiven Juristen, der über die Grundtatsachen nicht hinausgehen kann, *vorausgesetzt*[245]." Als Voraussetzung, als Denkart ist die Grundnorm daher „keine kategorische, unbedingte, sondern eine hypothetische, bedingte Antwort" auf die Frage nach der letzten Geltungsgrundlage einer positiven Rechtsordnung[246]: „In dieser Voraussetzung liegt der letzte, aber seinem Wesen nach nur bedingte und in diesem Sinne hypothetische Geltungsgrund der Rechtsordnung[247]."

In Analogie zur Terminologie der Erkenntniskritik Kants bezeichnet Kelsen die Grundnorm, so wie sie von der Rechtswissenschaft zu be-

---

[238] *Kelsen*, Reine Rechtslehre, 2. Aufl. S. 23; Reichsgesetz und Landesgesetz, S. 210, 217; Das Problem der Souveränität, S. 97.
[239] *Kelsen*, Die Selbstbestimmung des Rechts, WRS S. 1452; Reine Rechtslehre, 2. Aufl. S. 9.
[240] Vgl. oben Teil 2, § 3, 2.
[241] *Kelsen*, Reine Rechtslehre, 2. Aufl. S. 225.
[242] *Kelsen*, Vom Geltungsgrund des Rechts, WRS S. 1424.
[243] *Kelsen*, Reine Rechtslehre, 2. Aufl. S. 8.
[244] Vgl. oben Teil 1, § 4.
[245] *Kelsen*, Die philosophischen Grundlagen der Naturrechtslehre und des Rechtspositivismus, WRS S. 287.
[246] *Kelsen*, Naturrechtslehre und Rechtspositivismus, WRS S. 827.
[247] *Kelsen*, Reine Rechtslehre, 2. Aufl. S. 47.

schreiben sei, als die transzendental-logische Bedingung jeder rechtlichen Erkenntnis[248]: „So wie Kant fragt: wie ist eine von aller Metaphysik freie Deutung der unseren Sinnen gegebenen Tatsachen in den von der Naturwissenschaft formulierten Naturgesetzen möglich, so fragt die Reine Rechtslehre: wie ist eine nicht auf metarechtliche Autoritäten wie Gott oder Natur zurückgreifende Deutung des subjektiven Sinns gewisser Tatbestände als ein System in Rechtssätzen beschreibbarer objektiv gültiger Rechtsnormen möglich?[249]." In dieser ihrer transzendental-logisch aufgefaßten erkenntnistheoretischen Funktion leistet die Grundnorm lediglich die normativ-juristische Deutung eines vorgegebenen, hinsichtlich seiner Sollgeltung in Frage stehenden Rechtsmaterials; „die Grundnorm bestimmt lediglich den Geltungsgrund, nicht den Geltungsinhalt des positiven Rechts. Dieser Geltungsgrund ist von dem Geltungsinhalt völlig unabhängig"[250].

Die positiven Rechtsordnungen gehören damit für Kelsen zum dynamischen Typus von Normsystemen im Unterschied zu Normsystemen statischer Prägung, deren typische Erscheinungsform Kelsen in den Naturrechtssystemen sieht[251]: das Wesen eines statischen Normensystems ist nach Kelsen durch die Eigenschaft gekennzeichnet, daß nicht nur die Geltung, sondern auch der Inhalt seiner Normen auf eine solche letzte und höchste Norm zurückgeführt werden kann, „unter deren Inhalt sich der Inhalt der die Ordnung bildenden Normen als das Besondere unter das Allgemeine subsumieren läßt"[252]. Die Grundnorm eines statischen Normensystems liefert damit nicht allein dessen Geltungsgrund, sondern auch seinen Geltungsinhalt, indem „alle Normen einer Ordnung dieses Typus in dem Inhalt der vorausgesetzten Norm schon enthalten sind", und „aus ihr im Wege einer logischen Operation durch einen Schluß vom Allgemeinen auf das Besondere deduziert werden (können)"[253]. Eine solche Geltungsbegründung, die beides, nämlich Geltungsgrund und Geltungsinhalt eines Rechtsnormensystems enthält, ohne selbst positiv gesetzt zu sein, lehnt Kelsen unter erkenntnistheoretischen Gesichtspunkten indes entschieden als unmöglich ab: eine solche statisch ausgerichtete Grundnorm erfordere nämlich, daß ihr Inhalt als unmittelbar einleuchtend angesehen werden könne,

---

[248] *Kelsen*, Die philosophischen Grundlagen der Naturrechtslehre und des Rechtspositivismus, WRS S. 339.
[249] *Kelsen*, Reine Rechtslehre, 2. Aufl. S. 205.
[250] *Kelsen*, Naturrechtslehre und Rechtspositivismus, WRS S. 828.
[251] *Kelsen*, General Theory, S. 399 f.; Die philosophischen Grundlagen der Naturrechtslehre und des Rechtspositivismus, WRS S. 292 ff.
[252] *Kelsen*, Reine Rechtslehre, 2. Aufl. S. 198; Naturrecht und positives Recht, WRS S. 217.
[253] *Kelsen*, Reine Rechtslehre, 2. Aufl. S. 198; Naturrecht und positives Recht, WRS S. 217.

§ 3: Sein und Sollen, Grundnorm und autonome Determinante 67

entweder weil sie durch göttlichen bzw. sonstigen von einer transzendenten Institution herrührenden Willensakt geschaffen sei oder daß sie unmittelbar mit der praktischen Vernunft gegeben sei. Für einen dem positivistischen Wissenschaftsbegriff verpflichteten Normlogiker wie Kelsen kann es dementsprechend keine unmittelbar einleuchtende, Geltung und Inhalt gleichermaßen begründende Norm geben: ein transzendenter Gott als normsetzende Autorität gehört dem Bereich theologisch-metaphysischer Spekulation an; und eine normsetzende praktische Vernunft ist ebenso wenig anzuerkennen, denn „die Funktion der Vernunft (ist) Erkennen, nicht Wollen", während „die Setzung von Normen ... ein Akt des Willens ist"[254].

Hingegen ist der dynamische Typus eines Normensystems für Kelsen dadurch gekennzeichnet, „daß die vorausgesetzte Grundnorm nichts anderes beinhaltet als die Einsetzung eines normerzeugenden Tatbestandes"[255]. Da sämtliche Normen, seien sie genereller oder individueller Art, auf Willensakten beruhen, und über der höchsten normsetzenden Rechtsautorität einer Rechtsordnung eine überpositive, transzendente Rechtsetzungsinstanz nicht anerkannt werden kann, bleibt nur der Weg, eine Norm vorauszusetzen, die die jeweils verfassungsgebende Autorität einer Rechts- und Staatsordnung delegiert[256]. Aus diesem Charakteristikum eines dynamischen Normensystems folgt für die Frage nach dem Verhältnis von Geltung und Inhalt einer Rechtsordnung: „Den Inhalt des positiven Rechts zu bestimmen, überläßt die Grundnorm dem durch die Verfassung bestimmten Prozeß der Rechtserzeugung, der Gesetzgebung, der Gewohnheit[257]." Und ist es somit für die Grundnorm einer als dynamisches Normensystem erkannten Rechtsordnung ausschließliche Funktion, den Erzeugungszusammenhang, die Selbsterzeugung des Rechts als eines aus objektiver Rechts- und subjektiver Ermessenskomponente bestehenden Prozesses[258] zu begründen, indem eine Rechtsnorm nicht darum gilt, weil ihr Inhalt aus einer Grundnorm durch logische Operationen deduziert werden könnte, sondern einzig und allein aus dem Grunde, weil sie „in einer von einer vorausgesetzten Grundnorm bestimmten Weise erzeugt ist"[259], so kann Kelsen hieraus die fundamentale Erkenntnis der Reinen Rechtslehre

---

[254] *Kelsen*, Reine Rechtslehre, 2. Aufl. S. 198; Recht und Logik, WRS S. 1474.
[255] *Kelsen*, Reine Rechtslehre, 2. Aufl. S. 199; Die philosophischen Grundlagen der Naturrechtslehre und des Rechtspositivismus, WRS S. 293; Das Problem der Souveränität, S. 97.
[256] s. o. Teil 2, § 3, 2.
[257] *Kelsen*, Naturrechtslehre und Rechtspositivismus, WRS S. 828.
[258] s. o. Teil 1, § 2, 5.
[259] *Kelsen*, Reine Rechtslehre, 2. Aufl. S. 200/201; ebenso schreibt Kelsen in: Das Problem der Souveränität, S. 97 Fn. 1: „Die hypothetische Ursprungsnorm ist nur eine oberste Erzeugungsregel."

5*

herleiten, daß „jeder beliebige Inhalt" Recht sein kann[260]. Die Grundnorm wird damit zum theoretischen Ausdruck des der Reinen Rechtslehre immanenten und sie maßgebend prägenden Wertrelativismus: „Welchen Inhalt diese Verfassung und die auf ihrer Grundlage errichtete staatliche Rechtsordnung hat, ob diese Ordnung gerecht oder ungerecht ist, kommt dabei nicht in Frage; auch nicht, ob diese Rechtsordnung tatsächlich einen relativen Friedenszustand innerhalb der durch sie konstituierten Gemeinschaft garantiert. In der Voraussetzung der Grundnorm wird kein dem positiven Recht transzendenter Wert bejaht[261]."

Die vorausgesetzte, hypothetische Grundnorm als Einsetzung des Grundtatbestandes der Rechtserzeugung bezeichnet Kelsen im Anschluß an Verdross als „Verfassung im rechtslogischen Sinn"[262] gegenüber einer Verfassung im positivrechtlichen Sinn[263]. An anderer Stelle nennt er sie „Verfassung im transzendental-logischen Sinne"[264]. Als rechtslogischer Ausgangspunkt des Verfahrens der positiven Rechtserzeu-

---

[260] *Kelsen*, Reine Rechtslehre, 2. Aufl. S. 201.

[261] *Kelsen*, Reine Rechtslehre, 2. Aufl. S. 204.

[262] *Verdross*, Zum Problem der Rechtsunterworfenheit des Gesetzgebers, WRS S. 1545 ff., ging dabei von der Auffassung aus, daß es Aufgabe jeder Wissenschaftsdisziplin sei, einen ihr zur Beschreibung vorgegebenen Gegenstand systematisch zu durchdringen und zu ordnen, ohne daß die Wissenschaft dabei an diesem Gegenstand ihrer Erkenntnis — im Fall der Rechtswissenschaft das in den positiven Rechtsquellen normierte Recht — etwas ändern dürfe. Jede Rechtsbetrachtung werde unpositiv, wenn man den Rechtsstoff durch Inhalte, die man aus anderen Bereichen als aus den positiven Rechtsquellen nehme, verändere (S. 1545). Soweit es aber darum gehe, „in der Rechtsdogmatik den restlos als gegeben hinzunehmenden Stoff systematisch zu entwickeln und in der Rechtstheorie der Rechtswissenschaft ihre methodisch-philosophische Grundlegung zu schaffen", so „dürfen und müssen der rechtswissenschaftlichen Forschung Ideen als Wissenschaftshypothesen zugrunde gelegt werden" (S. 1546). Diese Hypothesen müßten geeignet sein, „die ganze Fülle des positiven Rechtsstoffes — restlos ohne Ausnahme — in systematischem Aufbau zu gestalten" (S. 1546). In Bezug auf die Frage nach der Begründung der rechtlichen Souveränität des Staates, bzw., worauf die rechtliche Ordnung eines Staates letztlich zurückzuführen sei, gelangte Verdross zu der Erkenntnis, „jeder Staat (sei) in seiner eigenen Verfassungsordnung auf sich selbst gestellt", die Verfassung jedes Staates sei als „letzte gegebene rechtliche Grundlage" anzusehen, aus der alles Recht für den betreffenden Staat abzuleiten sei (S. 1548). Dabei bedeutet der Begriff ‚Verfassung' in diesem Zusammenhang „jene als oberst gedachte aus Rechtsnormen bestehende staatliche Grundordnung, die logisch vorausgesetzt werden muß, um den Staat rechtlich ... zu konstituieren, und um dem Rechte einen Rechtsgrund zu geben, aus dem alles Recht des bezüglichen Staates seine normative Kraft herleitet" (S. 1548).
Kelsen, Vorrede zur 2. Auflage der Hauptprobleme der Staatsrechtslehre, S. XV, weist ausdrücklich auf diese wegbereitenden Überlegungen Verdross' für seine Grundnormtheorie hin.

[263] *Kelsen*, Das Problem der Souveränität, S. 97; Der Begriff der Rechtsordnung, WRS S. 1399; Reine Rechtslehre, 2. Aufl. S. 202.

[264] *Kelsen*, Naturrechtslehre und Rechtspositivismus, WRS S. 827; Die Funktion der Verfassung, WRS S. 1976.

gung²⁶⁵ wird die Grundnorm damit nicht nur zum normativen Geltungsgrund einer Rechtsordnung, sondern als Verfassung im rechtslogischen Sinne konstituiert sie zugleich auch die logische Einheit in einer Vielzahl von Rechtserscheinungen: die Funktion der Grundnorm besteht darin, „das empirische Rechtsmaterial zu einer sinnvollen, das heißt, widerspruchslosen Ordnung zu gestalten"²⁶⁶: „Da die Grundnorm der Geltungsgrund aller zu einer und derselben Rechtsordnung gehörigen Normen ist, konstituiert sie die Einheit in der Vielheit dieser Normen²⁶⁷." Die Grundnorm wird damit zum Schluß- bzw. Grundstein einer in ihrer Struktur als geschlossene Normenhierarchie beschriebenen Rechtsordnung²⁶⁸.

b) Das Effektivitätsproblem

Der problematischste Teil der Grundnormtheorie Kelsens ist wohl das Verhältnis zwischen Geltung und Wirksamkeit einer die Grundnorm voraussetzenden Rechtsordnung²⁶⁹. Denn das Wesen der Grundnorm ist in Kelsens Theorie dadurch gekennzeichnet, daß sie jeweils auf eine ganz bestimmte positivrechtliche Verfassung bezogen wird. Dabei ist zu berücksichtigen, daß man sinnvollerweise nur für eine im großen und ganzen wirksame positive Verfassung die Frage nach ihrer normlogischen Geltung stellt. Die Voraussetzung einer hypothetischen Grundnorm, die beinhaltet, daß man sich so verhalten soll, wie es die hinsichtlich ihrer normativen Geltung in Frage stehende tatsächlich gesetzte Verfassung gebietet, wäre sinnwidrig in Beziehung auf eine solche positivrechtliche Verfassung, die überhaupt nicht wirksam ist²⁷⁰: „denn eine Verfassung wird nur dann als verbindlich angesehen, wenn sie im großen und ganzen wirksam ist, das heißt, wenn die Individuen, deren Verhalten sie regelt, sich tatsächlich und beständig ihr entsprechend verhalten²⁷¹." Die transzendental-logische Grundnormhypothese ist daher unter Einbeziehung dieses Prinzips der Effektivität zu for-

---

²⁶⁵ *Kelsen*, Der soziologische und der juristische Staatsbegriff, S. 102; Reine Rechtslehre, 2. Aufl. S. 202.
²⁶⁶ *Kelsen*, Die philosophischen Grundlagen der Naturrechtslehre und des Rechtspositivismus, WRS S. 341; Was ist die Reine Rechtslehre?, WRS S. 616; Reine Rechtslehre, 2. Aufl. S. 32.
²⁶⁷ *Kelsen*, Reine Rechtslehre, 2. Aufl. S. 209; Reichsgesetz und Landesgesetz, S. 208; Der soziologische und der juristische Staatsbegriff, S. 102; Naturrecht und positives Recht, WRS S. 216.
²⁶⁸ s. o. Teil 1, § 4.
²⁶⁹ Vgl. dazu *Kelsen*, Das Problem der Souveränität, S. 96 ff.; Reine Rechtslehre, 2. Aufl. S. 215 ff.
²⁷⁰ *Kelsen*, Die Funktion der Verfassung, WRS S. 1975 f.; Reine Rechtslehre, 2. Aufl. S. 204.
²⁷¹ *Kelsen*, Was ist ein Rechtsakt?, WRS S. 1382.

mulieren²⁷². Die Wirksamkeit muß zur positivrechtlichen Setzung einer Norm bzw. einer Rechtsordnung hinzutreten, damit die Norm bzw. Rechtsordnung im ganzen ihre Geltung nicht verliert²⁷³. Die Wirksamkeit wird damit für Kelsen zwar zur Bedingung der Geltung, aber nicht der Grund der Geltung oder diese Geltung selbst: „Eine Bedingung kann mit dem von ihr Bedingten nicht identisch sein²⁷⁴." Das Problem des Verhältnisses von Effektivität und Geltung wird in der Reinen Rechtslehre zum Ausdruck der Beziehung zwischen Recht und Macht überhaupt: „Setzt man an Stelle des Begriffs der Wirklichkeit — als Wirksamkeit der Rechtsordnung — den Begriff der Macht, dann fällt das Problem des Verhältnisses von Geltung und Wirksamkeit der Rechtsordnung mit dem — viel geläufigeren — von Recht und Macht zusammen. Und dann ist die hier versuchte Lösung nur die wissenschaftlich exakte Formulierung der alten Weisheit: daß das Recht zwar nicht ohne Macht bestehen kann, daß es aber doch nicht identisch ist mit der Macht. Es ist — im Sinne der hier entwickelten Theorie — eine bestimmte Ordnung (oder Organisation) der Macht²⁷⁵."

Dieses Verhältnis von Wirksamkeit und Geltung ist es vor allem, das Kelsens Kritiker zur Ablehnung seiner Grundnorm- und Disparitätsthese veranlaßt. Beispielhaft für die Einschätzung der Lehre Kelsens in der deutschen Rechtswissenschaft faßt etwa Larenz Kelsens Ausführungen zum Effektivitätsproblem in der Weise auf, daß für ihn die Postulierung der Grundnorm als der die Rechtsordnung legitimierende Denkakt ihre sachliche Rechtfertigung letztlich darin findet, daß eine bestimmte Rechtsordnung als solche funktioniere: „Das Sollen ergibt sich damit in der Tat, auf dem Umweg über das erkenntnistheoretische Postulat der ‚Grundnorm', aus dem als solchen für Kelsen sinn- und wertfremden Sein, der (bloßen) Faktizität"²⁷⁶! R. Herzog wirft Kelsen vor, die Grundnorm beruhe entweder auf einem Zirkelschluß oder sei eine Fiktion: denn leite man die Grundnorm induktiv aus einer bestehenden Rechtsordnung ab, so bedeute die Voraussetzung der Grundnorm eben nichts anderes, als daß eine bestehende Rechtsordnung bestehe. Wolle man dagegen die Grundnorm ohne einen solchen induktiven Schluß begründen, so werde sie mangels Ableitbarkeit aus einer anderen Norm zur bloßen Fiktion, entgegen dem von Kelsen vertretenen neukantianischen Axiom, daß ein Sollen wiederum nur

---

²⁷² *Kelsen*, Was ist ein Rechtsakt?, WRS S. 1382.
²⁷³ *Kelsen*, Reine Rechtslehre, 2. Aufl. S. 219.
²⁷⁴ *Kelsen*, General Theory of Law and State, S. 118; Reine Rechtslehre, 2. Aufl. S. 219/220.
²⁷⁵ *Kelsen*, Reine Rechtslehre, 2. Aufl. S. 220/221; General Theory, S. 120/121; zum Verhältnis von Recht und Macht auch: Der soziologische und der juristische Staatsbegriff, S. 98 ff.
²⁷⁶ *Larenz*, Methodenlehre, S. 80.

§ 3: Sein und Sollen, Grundnorm und autonome Determinante 71

aus einem Sollen fließen könne. Indem sich so in der Grundnorm Sein und Sollen verbänden, erweise sich ob dieses Widerspruchs zum von Kelsen behaupteten Dualismus von Sein und Sollen sein gesamtes System als unhaltbar[277]. Ebenso ist v. Hippel der Auffassung, Recht könne nur aus Recht, nicht aber aus leerem Sollen fließen; die Annahme der Grundnorm sei ein Überwechseln aus dem Bereich des Sollens in den des Seins[278]. H. L. Schreiber konstatiert, die Reine Rechtslehre, die die Unableitbarkeit des Sollens aus dem Sein behaupte, ende in der Faktizität[279].

Gegen diese Argumente sind in letzter Zeit überzeugende Gegendarstellungen vorgebracht worden von Walter und Achterberg[280]. Walter weist zunächst auf das Wesen des Kelsenschen „kritischen Rechtspositivismus" hin: im Unterschied zum Rechtspositivismus älterer Prägung, der die positiv gesetzten und befolgten, d. h. wirksamen Anordnungen der sozialen, zur Rechtsetzung berufenen Autoritäten als das geltende Recht angesehen habe, behandele die Reine Rechtslehre das ihr jeweils als Erkenntnisgegenstand vorgegebene Rechtsmaterial, so als ob es geltendes Recht wäre; die Grundnormhypothese habe zur Konsequenz, daß die Geltungsfrage letztlich dahingestellt bleibe[281]. Denn die Grundnorm sei nichts anderes als eine Annahme: „Sie erlaubt die Deutung, die Beschreibung der effektiven Zwangsordnungen als normative Ordnungen, genauer, als ob sie normative Ordnungen wären, obzwar eine Wissenschaft darüber nicht entscheiden kann[282]." Dabei weist Walter gegenüber der Meinung Henkels, die Reine Rechtslehre münde mit ihrer Grundnormthese in die den reinen Gesetzespositivismus charakterisierende Aussage ein, daß „jedes formell gültig zustandegekommene Gesetz unverbrüchliche Geltung" besitze[283], zutreffend darauf hin, die Reine Rechtslehre spreche einem Gesetz wohl kaum unverbrüchliche Geltung zu, wenn sie die Geltung eines Gesetzes letztlich nur auf einer erkenntnistheoretischen Annahme beruhen lasse[284]. Für die Frage des Verhältnisses von Wirksamkeit und Geltung stellt Walter klar, daß die Aufnahme des Wirksamkeitselementes in die Grundnormformulierung Kelsens nichts anderes bedeute als die Festlegung, welche Art von Rechtsordnungen — sinnvollerweise

---

[277] R. Herzog, Allgemeine Staatslehre, S. 90.
[278] v. Hippel, Allgemeine Staatslehre, S. 142 ff. (146).
[279] H. L. Schreiber, Der Begriff der Rechtspflicht, S. 144.
[280] Walter, Der gegenwärtige Stand der Reinen Rechtslehre, S. 69 f.; Achterberg, Hans Kelsens Bedeutung in der gegenwärtigen deutschen Staatslehre, S. 445 ff.
[281] Walter, Der gegenwärtige Stand der Reinen Rechtslehre, S. 73.
[282] Walter, Der gegenwärtige Stand der Reinen Rechtslehre, S. 80.
[283] Henkel, Einführung in die Rechtsphilosophie, S. 389.
[284] Walter, Der gegenwärtige Stand der Reinen Rechtslehre, S. 81.

eben nur die im großen und ganzen wirksamen[285] — überhaupt Erkenntnisobjekt der Reinen Rechtslehre sind[286]. Dazu führt Walter einleuchtend aus, daß es wohl jeder Lehre freistehe, ihren Betrachtungsgegenstand zu bestimmen und dann über die Strukturen von Rechtsordnungen bzw. des Rechts im allgemeinen Aussagen zu machen; und daß bezüglich solcher theoretischen „Festsetzungen" wohl über deren Zweckmäßigkeit, nicht aber über die Gegenstandswahl als solche diskutiert werden könne, denn eine Festsetzung dieser Art sei Sache des freien Entschlusses desjenigen, der sie vornehme[287].

Achterberg weist vor allem auf das den axiomatischen Charakter der Grundnormhypothese ausmachende Wesen der Grundnorm als einer Annahme hin, deren Funktion es sei, den Abschluß eines Normensystems nach oben hin zu leisten, um den angesichts der Disparitätsthese sonst unvermeidlichen „regressus in infinitum" aufzuhalten[288]. Dem Einwand, mit der Grundnorm wechsele Kelsen aus dem Bereich des Sollens in den des Seins hinüber, setzt Achterberg die Feststellung entgegen, „daß die Grundnorm insoweit keineswegs exzeptionelle Natur besitze, sondern mit jeder anderen im Rechtserzeugungsprozeß gesetzten Rechtserscheinung die Eigenschaft teilt, zugleich der Sollenswie der Seinssphäre anzugehören"[289]. Einer Faktizität des Normativen komme eben noch keine Normativität des Faktischen gleich[290]. Soweit Nawiasky das Kriterium der Effektivität in seiner Funktion für die Geltungsbegründung revolutionären Rechts als Beleg für die Unhaltbarkeit des auf der Disparitätsthese beruhenden Grundnormaxioms anführt[291], meldet Achterberg Zweifel an der Stichhaltigkeit dieses Argumentes an[292], und in der Tat sind Kelsens Ausführungen zu diesem Problem überzeugend. Es ist nämlich ein entscheidender Punkt in Kelsens Grundnormtheorie, daß die Effektivität einer Revolution — als dem Bereich des Seins zugehörig — und die Deutung der von den revolutionären Organen gesetzten Akte als Normen zu einer Änderung des Geltungsgrundes des jeweiligen Rechtssystems führt, indem diese normative Deutung „nicht mehr unter der Voraussetzung der alten,

---

[285] *Kelsen*, Was ist ein Rechtsakt?, WRS S. 1382.
[286] *Walter*, Der gegenwärtige Stand der Reinen Rechtslehre, S. 81.
[287] *Walter*, aaO. S. 75/76, unter Hinweis auf *Popper*, Logik der Forschung, 2. Aufl. S. 12; vgl. dazu schon *Merkl*, Das Problem der Rechtskontinuität und die Forderung des einheitlichen rechtlichen Weltbildes, WRS S. 1267. Dabei bejaht *Walter* auf S. 82/83 das ökonomische Prinzip als methodische Grundlage des Effektivitätsmomentes.
[288] *Achterberg*, Hans Kelsens Bedeutung in der gegenwärtigen deutschen Staatslehre, S. 453; Kelsen und Marx, S. 51.
[289] *Achterberg*, Hans Kelsens Bedeutung, S. 453; vgl. auch oben Teil 2, § 3, 2.
[290] *Achterberg*, Hans Kelsens Bedeutung, S. 453.
[291] *Nawiasky*, Allgemeine Staatslehre, S. 9.
[292] *Achterberg*, Hans Kelsens Bedeutung, S. 453/454.

§ 3: Sein und Sollen, Grundnorm und autonome Determinante 73

sondern der neuen Grundnorm" erfolgt[293]. Mit anderen Worten: nicht mehr die von den alten, durch die revolutionäre Umwälzung beseitigten Autoritäten gesetzten Rechtsakte, sondern allein die nach dem Effektivwerden der Revolution gesetzten Akte — inhaltlich dabei häufig dieselben wie die vor dem Umsturz — werden Gegenstand einer auf die Erfassung des positiven Rechts gerichteten Rechtserkentnis. Darin wird deutlich, daß die Grundnorm eben nur der normlogisch vorausgesetzte, dabei aber lediglich hypothetische Geltungsgrund einer Rechtsordnung ist. Es ist die Grundnorm, die aus erkenntnistheoretischen Gründen als transzendental-logische Kategorie auf eine wirksame Rechtsordnung bezogen wird — und nicht umgekehrt.

Die methodischen Grundlagen für die Lösung des Effektivitätsproblems geschaffen zu haben, ist das Verdienst von Pitamic. Seine im Jahre 1917 veröffentlichte Abhandlung ‚Denkökonomische Voraussetzungen der Rechtswissenschaft' ist für die Grundnormtheorie Kelsens von wesentlicher Bedeutung. Zwar hat Kelsen schon in seiner im Jahr 1914 erschienenen Arbeit ‚Reichsgesetz und Landesgesetz nach der österreichischen Verfassung' diejenigen Teile der Grundnormtheorie entwickelt, die sich auf das Geltungsproblem beziehen; so vor allem die Erkenntnis, daß die Einheit eines Rechtssystems allein durch die Rückführbarkeit auf eine letzte, im Denken als oberste vorausgesetzte Geltungsgrundlage konstituiert werde[294]. Kelsen setzte sich hier aber noch nicht mit der Frage auseinander, welches Kriterium überhaupt darüber entscheidet, bezüglich welcher konkreten Rechtsordnung die Grundnorm als Geltungsgrundlage vorauszusetzen sei. Demgegenüber erkannte Pitmatic, daß es, auch wenn man von der strengen Normativität des Rechtes ausgeht, zu „praktisch unmöglichen, utopischen Konsequenzen" führen würde, wollte man zur Erkenntnis eines in Raum und Zeit geltenden Rechts dessen Wirksamkeit unberücksichtigt lassen[295]. Pitamics Verdienst ist es dabei, die der späteren Grundnormhypothese Kelsens zugrundeliegenden theoretischen und methodischen Erwägungen, wie die tatsächliche Wirksamkeit des Rechtes „in die strenge, keinen Bruch und keinen Einbruch zulassende Kette des Sollens"[296] ein-

---

[293] *Kelsen*, Reine Rechtslehre, 2. Aufl. S. 213/214; ebenso: Der soziologische und der juristische Staatsbegriff, S. 98: „... man (geht) nunmehr bei der rechtlichen Beurteilung von einer neuen, gegenüber der bisherigen verschiedenen Grundnorm aus ( ), in der die in der Revolution tatsächlich zur Macht gelangten Faktoren als oberste Rechts(Staats)autoritäten eingesetzt sind."
[294] *Kelsen*, Reichsgesetz und Landesgesetz nach der österreichischen Verfassung, S. 208; 217.
[295] *Pitamic*, Die Frage der rechtlichen Grundnorm, in: Völkerrecht und rechtliches Weltbild, Festschrift Verdross, S. 209.
[296] *Pitamic*, Grundnorm, FS Verdross, S. 209.

bezogen werden kann, in klarer und einleuchtender Weise entwickelt zu haben[297].

Pitamic geht aus von dem Gegensatz zwischen deduktiver und induktiver Methode der Rechtserkenntnis. Das Wesen der deduktiven Methode als der Weg der Rechtstheorie Kelsens ziele darauf ab, aus einem positiv gegebenen Rechtsstoff die Normen logisch-deduktiv herauszuarbeiten. Dabei befasse sich diese deduktive Methode der Reinen Rechtslehre selbst nicht mit der Frage, welches im einzelnen das positive Rechtsmaterial ihrer wissenschaftlichen Analyse sei, denn die normative Rechtsforschung Kelsens sei eine rein methodologische. Sie setze vielmehr eine positive Rechtsordnung als hypothetische Basis ihrer Deduktionen voraus[298]. Dagegen folge eine auf die Erkenntnis der faktischen — soziologischen, historischen, politischen oder psychologischen — Implikationen bezogene Richtung der Jurisprudenz der induktiven Methode. Diese habe ihre Aufgabe darin, eine positive Rechtsordnung in ihren konkreten, zeitlich und örtlich bedingten Inhalten überhaupt aufzufinden[299]. Während die normativ-deduktive Methode den Ausgangspunkt ihrer Forschung voraussetze, sei die induktive Methode durch die Suche nach diesem Ausgangspunkt gekennzeichnet[300]. Die Unterschiedlichkeit der Denkrichtung beider Methoden hat Pitamic anschaulich dargestellt: „Wenn Kelsen von einem als gegeben vorausgesetzten Standpunkte — einem Normenkomplex — ausgeht, aus dieser formalen, beliebige Inhalte zulassenden Voraussetzung rein deduktiv die Konsequenzen ableitet, so ist er gewissermaßen auf dem Gipfel irgend eines Berges, von dem er, sich normativ einen Weg bahnend, hinunter schreitet; wie man auf den Gipfel kommt, danach fragt er nicht. Die ‚anderen' suchen erst die materiellen Voraussetzungen, den Ausgangspunkt der Normen zu gewinnen, sie suchen erst den Gipfel eines bestimmten Berges; sie bahnen sich den Weg hinauf, was nur mit der induktiven, kausal arbeitenden Methode möglich ist, da es sich ja, wie noch später gezeigt werden soll, um die Konstatierung der

---

[297] *Pitamic*, Denkökonomische Voraussetzungen der Rechtswissenschaft, ÖZÖR 3 (1917), S. 339 ff.; vgl. auch: Plato, Aristoteles und die reine Rechtstheorie, ZÖR 2 (1921), S. 683 ff.; Kritische Bemerkungen zum Gesellschafts-, Staats- und Gottesbegriff bei Kelsen, ZÖR 3 (1923), S. 531 ff. Zur Bedeutung des Beitrages von Pitamic für die Reine Rechtslehre siehe *Kelsen*, Das Problem der Souveränität, S. 99, und: Vorrede zur 2. Aufl. der Hauptprobleme, S. XV.
[298] *Pitamic*, Denkökonomische Voraussetzungen, S. 343, 344. Das Wesen der deduktiven Methode darf freilich nicht verwechselt werden mit der Fragestellung, ob der Inhalt einer Rechtsnorm bzw. einer Rechtsordnung im ganzen aus deren oberster, ihren höchsten und letzten Geltungsgrund darstellenden Norm deduziert werden kann, vgl. oben Teil 2, § 3, 3 a.
[299] *Pitamic*, Denkökonomische Voraussetzungen, S. 344.
[300] *Pitamic*, Denkökonomische Voraussetzungen, S. 344.

§ 3: Sein und Sollen, Grundnorm und autonome Determinante 75

in das Erkenntnisgebiet des Seins fallenden psychologischen Wirkungen von Sollvorstellungen handelt[301]."

Das eigentliche Problem seiner Untersuchung ergibt sich nunmehr für Pitamic aus der Fragestellung, welcher von den zahlreichen in Betracht kommenden historischen Normenkomplexen für einen Staat in einem bestimmten Zeitpunkt als dessen positive Rechtsordnung erkannt werden kann[302]. Dabei gelangt er zu der Einsicht, daß die Beantwortung dieser Frage und damit die Möglichkeit der logisch-deduktiven Durchdringung des als Rechtsordnung erkennbaren Normenkomplexes nicht ohne die Annahme gewisser, vor jeder eigentlichen normativen Erkenntnis liegenden materiellen Voraussetzungen erfolgen kann[303]. Pitamic sieht eine normlogische Erforschung des Rechts nur dann als möglich und sinnvoll an, wenn zuvor überhaupt erst einmal die materielle Basis, auf die sich eine Strukturanalyse mit ihren formalen, im Wege der deduktiven Methode gefundenen Urteilen bezieht, objektiv festgestellt wird — eine Einsicht, die selbstverständlich erscheint und für jede auf objektive Erkenntnis gerichtete Wissenschaft anerkannt werden muß, gehöre ihr Gegenstand nun dem Bereich des Sollens oder dem des Seins an, da man andernfalls zu Ergebnissen käme, die die Rechtswirklichkeit nicht erfassen könnten[304]. Dabei fordert Pitamic für die Feststellung solcher materieller Voraussetzungen ein ökonomisches Vorgehen in der Weise, daß im Bereich des das zu erkennende Recht umfassenden Sollens Konstruktionen unterbleiben, „die sich mit Rücksicht auf das dem Sollen heterogene Gebiet eines bestimmten Seins als überflüssig erweisen"[305]. Anders ausgedrückt: jede normative, durch die deduktive Methode bestimmte Strukturanalyse des Rechts muß sich, um überhaupt sinnvoll zu sein, auf ein bestimmtes, positiv gesetzes Material beziehen — eben eine bestimmte positive Rechtsordnung. Da dieses Material, die Rechtsnormen, was ihre Existenz betrifft, dem Bereich des Seins angehören — von dieser Aussage ist scharf zu trennen die Aussage über die spezifische Eigenschaft der Normen, entsprechend dem sie kennzeichnenden Pflichtmoment ihren Sinngehalt ausschließlich im Bereich des Sollens zu haben — muß auch das Kriterium, welche Normenkomplexe der normativ-deduktiven Strukturanalyse unterzogen werden, im Bereich des Seins gesucht werden. Nur entspricht es dabei für Pitamic dem Gebot denkökonomischen Verhaltens, die Frage nach der materiellen Basis normativer Rechtserforschung nicht weiter über den Bereich der spezifisch normativen

---
[301] *Pitamic*, Denkökonomische Voraussetzungen, S. 344.
[302] *Pitamic*, Denkökonomische Voraussetzungen, S. 346.
[303] *Pitamic*, Denkökonomische Voraussetzungen, S. 349.
[304] Vgl. hierzu *Pitamic*, Die Frage der rechtlichen Grundnorm, S. 209.
[305] *Pitamic*, Denkökonomische Voraussetzungen, S. 347.

Konstruktion hinausgehen zu lassen, als zur Festsetzung bzw. Feststellung des Erkenntnisobjektes erforderlich ist. Dabei sieht Pitamic in der Wirksamkeit eines bestimmten Rechtsnormenkomplexes das geeignetste, weil ökonomischste Kriterium zur Feststellung der materiellen Basis der Rechtserkenntnis. Das Problem einer ökonomischen Beschränkung bei der Wahl des Ausgangspunktes der Rechtskonstruktion erfahre seine Lösung dadurch, „daß von den vielen möglichen Normensystemen jenes gewählt wird, welches mit den im tatsächlichen, zeitlich und örtlich bestimmten Geschehen sich äußernden Wirkungen von Sollvorstellungen am meisten in Einklang gebracht, vom Standpunkt dieser dem Sein angehörenden Tatsachen mithin als das ökonomischste angesehen werden kann ... Es erspart also unproduktives Denken, wenn man die Konstruktion des als geltend anzunehmenden Rechtes an solche Voraussetzungen knüpft, die mit den in der gegebenen sozialen und politischen Wirklichkeit sich äußernden Sollvorstellungen möglichst im Einklange stehen. Wie sollte man denn auch sonst ein irgendwie brauchbares Merkmal für diese Voraussetzungen finden[306]?"

Dieses von Pitamic formulierte ökonomische Prinzip erscheint am ehesten geeignet, die Unanfechtbarkeit der Aufnahme des Effektivitätserfordernisses in die Grundnormthese Kelsens zu erweisen[307]. Das Wirksamkeitspostulat in der Grundnormformulierung bedeutet nichts anderes, als daß nur im großen und ganzen wirksame Rechtsordnungen hinsichtlich ihrer logisch-normativen Strukturen als Gegenstand rechtswissenschaftlicher Erkenntnis in Betracht kommen. Die Grundnorm selbst wird dabei normlogisch vorausgesetzt, aber immer auf eine ganz bestimmte, hinsichtlich ihrer Geltung in Frage stehende Rechtsordnung bezogen. Es ist evident, daß Geltung und Wirksamkeit, Sein und Sollen dabei unter erkenntnistheoretischen Gesichtspunkten nicht konfundieren. Gerade die Unterscheidung Pitamics zwischen einer Erkenntnissuche nach deduktiver und induktiver Methode macht das deutlich: die Sollgeltung und damit die Frage nach der letzten normlogischen Geltungsgrundlage kann gar nicht anders als nach der deduktiven Methode behandelt werden. Denn für die Geltungsbegründung der zum Sollensbereich gehörenden Rechtsnormen scheiden Maßstäbe, die der Faktizität zuzuordnen sind, aus; jede Norm hat vielmehr den Grund ihrer logischen Geltung ausschließlich in dem Normensystem, dem sie angehört[308], und dementsprechend kann die Geltungsfrage nur deduktiv aus dem jeweiligen Normensystem beantwortet werden. Daraus folgt, daß ein über die Grenzen dieses bestimmten Normensystems hinausfragender Begründungsversuch hinsichtlich weiterer

---
[306] *Pitamic*, Denkökonomische Voraussetzungen, S. 347.
[307] So auch *Walter*, Der gegenwärtige Stand der Reinen Rechtslehre, S. 81 f.
[308] *Pitamic*, Denkökonomische Voraussetzungen, S. 342.

§ 3: Sein und Sollen, Grundnorm und autonome Determinante 77

normlogischer Geltungsgrundlagen unmöglich ist, was zur Konsequenz hat, daß die normative Geltung einer Rechtsordnung, wie Walter zutreffend sagt, letztlich immer offen bleibt[309]. Die Frage dagegen, in bezug auf welche Normensysteme solche normlogischen, d. h. die Geltungszusammenhänge der in ihnen enthaltenen Normen aufzeigenden Strukturanalysen sinnvollerweise vorzunehmen sind, findet ihre Antwort in dem von den oben geschilderten denkökonomischen Erwägungen bestimmten Effektivitätsmoment. Und daß diese Wirksamkeit eines Normenkomplexes, da dem Bereich des faktischen Seins und nicht dem des normativen Sollens angehörend, dementsprechend nicht nach der dem Sollensbereich adäquaten deduktiven, sondern allein nach der auf die Erfassung der tatsächlichen Implikationen eines Rechtssystems gerichteten induktiven Methode zu erfolgen hat, wird zur theoretischen Selbstverständlichkeit: bezüglich der Wirksamkeit eines Rechtssystems findet überhaupt erst ein Aufsuchen von in der jeweiligen sozialen, politischen und historischen Realität vorhandenem Rechtsmaterial statt, das dann normlogisch nach der deduktiven Methode, die auf formale, die normativen Strukturzusammenhänge erfassende Urteile ausgerichtet ist, durchdrungen werden soll. Die Fragen nach Geltung und Wirksamkeit erweisen sich dementsprechend als gänzlich voneinander zu trennende insofern, als die jeweiligen Denkrichtungen einander genau entgegengesetzt sind, je nachdem, ob Geltung oder Wirksamkeit, normativer Sinngehalt oder Positivität einer Rechtsordnung in Frage stehen. Die Geltung wird dabei in der Grundnorm hypothetisch vorausgesetzt. Dagegen ist die Frage nach der Effektivität einer Rechtsordnung ein vom Standpunkt der Erkenntnistheorie her gesehen metajuristisches Problem, das überhaupt nur zur bloß tatsächlichen, nicht aber zur normlogischen Voraussetzung jeglicher normativer Rechtserkenntnis wird[310].

Aufgrund dieser Erkenntnisse läßt sich aber auch die Funktion der Grundnorm, im Ablauf der Frage nach den Geltungszusammenhängen innerhalb des Normenkomplexes einer Rechtsordnung den möglichen regressus in infinitum nach oben abzuschneiden[311], theoretisch und methodisch klar erfassen: untersucht man nach der spezifisch juristischen Methode deduktiver Konstruktion ein der Rechtserkenntnis als Objekt vorgegebenes positiv gesetztes und im großen und ganzen wirksames Material — letzteres gefunden nach der induktiven Methode — auf die Gründe seiner normativen Geltung, so wird eine solche Analyse

---
[309] *Walter*, Der gegenwärtige Stand der Reinen Rechtslehre, S. 73.
[310] Vgl. dazu *Pitamic*, Denkökonomische Voraussetzungen, S. 348 ff. (350, 355).
[311] *Achterberg*, Kelsen und Marx, S. 51; Hans Kelsens Bedeutung in der gegenwärtigen deutschen Staatslehre, S. 453.

sinnvollerweise dort zu enden haben, wo auch das der Erkenntnis vorgegebene Material selbst endet: im Stufenbau einer Rechtsordnung an dessen positivrechtlich höchster Stufe, gemeinhin der Verfassung. Über dieser höchsten positiv gesetzten Stufe kommt unter normlogischen Aspekten dann nur noch eine einzige weitere Geltungsgrundlage in Betracht, eben die Grundnorm im Sinne einer rechtslogischen Verfassung. Diese kann indes nicht mehr die gleichen Eigenschaften aufweisen wie die Normen des als Erkenntnismaterial vorgegebenen positiv gesetzten Normensystems, da sie diesem selbst nicht mehr angehört: sie kann vielmehr nur noch als Denkakt hypothetisch vorausgesetzt werden, da ihr in der Realität keinerlei materielle Voraussetzung mehr entspricht. Mit anderen Worten ausgedrückt: ergibt sich auf dem Wege induktiver Forschung kein positiv gesetztes, wirksames Rechtsmaterial mehr, dessen normlogische Strukturen es mit der deduktiven Methode zu erkennen gilt, so erscheint es in denkökonomischer Hinsicht wissenschaftlich sinnvoll, dem Ablauf der ansonsten unendlichen Reihe noch möglicher Sollgeltungsgrundlagen von Normen im spekulativen Bereich ein Ende zu setzen[312]. Und das ist genau die Funktion der Grundnorm, von der man deshalb zu Recht sagen darf: „Selbstverständlichkeiten waren es immer, auf welche die Wissenschaft ihren Bau sicher gründen konnte[313]." Genau denselben Gedanken drückt Kelsen aus, wenn er schreibt: „Die Lehre von der Grundnorm ist nur das Ergebnis einer Analyse des Verfahrens, das eine positivistische Rechtserkenntnis seit jeher angewendet hat[314]."

In diesem Zusammenhang ist schließlich zu bedenken, daß man im Bereich der Grundnorm nicht nur an die Grenzen „der Idee der Positivität des Rechtes" stößt[315] — wobei diese Idee der Positivität des Rechtes seine Eigenschaft als eines von keiner höheren Norm ableitbaren oder der Ableitung bedürftigen Normensystems bedeutet[316] —, sondern sich überhaupt im Grenzbereich menschlichen Erkenntnisvermögens befindet, jenseits dessen nur noch das Feld der Spekulation offen steht, wo eine auf objektive Erkenntnis gerichtete Wissenschaft aber nicht mehr möglich sein dürfte. Sehr treffend verweist Krawietz darauf, „daß im Hinblick auf das Problem der Geltung des Rechts mit

---

[312] Zu dieser methodischen Andersartigkeit der Grundnormthese, soweit sie sich auf das Effektivitätsprinzip bezieht, vgl. auch *Kelsen*, Der soziologische und der juristische Staatsbegriff, S. 104.

[313] *Mach*, Analyse der Empfindungen, S. 46, zitiert nach *Pitamic*, Denkökonomische Voraussetzungen, S. 343.

[314] *Kelsen*, Reine Rechtslehre, 2. Aufl. S. 209; Die philosophischen Grundlagen der Naturrechtslehre und des Rechtspositivismus, WRS S. 300.

[315] *Kelsen*, Die Rechtswissenschaft als Norm- oder als Kulturwissenschaft, WRS S. 75.

[316] *Kelsen*, Die philosophischen Grundlagen der Naturrechtslehre und des Rechtspositivismus, WRS S. 286, 294.

§ 3: Sein und Sollen, Grundnorm und autonome Determinante 79

der durch die Grundnorm umschriebenen Problemfassung der ‚cut-off-point' rechtstheoretischen Denkens erreicht wird"[317]. Die Einsicht Schopenhauers, daß alle philosophischen Systeme Rechnungen seien, die niemals glatt aufgehen, sondern immer einen Rest lassen[318], gilt in gleichem Maße für jedes rechtstheoretische System. In diesem Sinne schreibt Pitamic: „Ein solcher Eingriff in eine logische Reihe hat immer etwas Unbefriedigendes, weil Willkürliches an sich; er bedeutet in unserem Falle nichts weniger als den Sprung über einen Abgrund, der in endloser Tiefe die Welt des Seins von jener des Sollens logisch trennt, und den zu überbrücken ein bisher ungelöstes, ja vielleicht unlösbares erkenntnistheoretisches Problem darstellt[319]."

c) Die Grundnorm: Hypothese oder Fiktion?

Nicht unbestritten geblieben ist auch Kelsens Charakterisierung der Grundnorm als Hypothese. So erhebt Verdross gegen diese Bezeichnung den Einwand, als Wesen einer Hypothese sehe man gemeinhin an, daß sie durch die Erfahrung positiv oder negativ bestätigt werden könne[320]. Kelsen hat in einer relativ späten Arbeit den Einwänden gegen diese Kennzeichnung der Grundnorm als Hypothese in der Weise Rechnung getragen, daß er die Voraussetzung der Grundnorm nunmehr als Fiktion bezeichnet[321]; die Grundnorm widerspreche nämlich nicht nur selbst der Wirklichkeit, sondern sei auch in sich selbst widerspruchsvoll: „Denn die Annahme einer Grundnorm — wie etwa ... der Grundnorm einer Rechtsordnung ‚Man soll sich so verhalten, wie die historisch erste Verfassung bestimmt' — widerspricht nicht nur der Wirklichkeit, da keine solche Norm eines wirklichen Willensaktes vorhanden ist, sondern sie ist auch in sich selbst widerspruchsvoll, da sie die Ermächtigung einer höchsten Moral- oder Rechtsautorität darstellt und

---

[317] *Krawietz*, Grundnorm, in: Historisches Wörterbuch der Philosophie, Bd. 3, S. 921, m. w. N.
[318] Den Hinweis auf Schopenhauer gibt *Kunz*, Rezension von: Sander, Staat und Recht, S. 268.
[319] *Pitamic*, Denkökonomische Voraussetzungen, S. 356; Zu seiner inzwischen geänderten Auffassung, ein ökonomisches Prinzip stelle keine befriedigende Lösung für die Frage nach den letzten Geltungsgrundlagen einer Rechtsordnung dar, vgl. Die Frage der rechtlichen Grundnorm, S. 207 ff., bemerkt *Walter*, Der gegenwärtige Stand der Reinen Rechtslehre, S. 82 Fn. 55, zu Recht, daß die Anforderungen an ein ökonomisches Prinzip nicht überspannt werden dürfen: „Ein ökonomisches Prinzip kann nur die Zweckmäßigkeit einer bestimmten Art der Deutung beweisen, nicht aber ein Sollen begründen, eine wirksame Ordnung rechtfertigen; sonst wäre es eine über der Grundnorm stehende Norm, würde also diese ersetzen."
[320] *Verdross*, Die Rechtstheorie Hans Kelsens, WRS S. 1307 f.
[321] *Kelsen*, Die Funktion der Verfassung, Verhandlungen des Zweiten Österreichischen Juristentages, 1964, WRS S. 1975 ff.

damit von einer noch über dieser Autorität stehenden — allerdings nur fingierten — Autorität ausgeht³²²."

Diese Änderung der Terminologie Kelsens ist nicht unproblematisch³²³. Denn Kelsen kommt zu seiner neuen Charakterisierung der Grundnorm als Fiktion aufgrund einer für die gesamte Grundnormtheorie einschneidenden Änderung ihrer bisherigen Prämissen. In der genannten Arbeit akzeptiert Kelsen nämlich ohne weiteres als möglichen Einwand gegen das Wesen der Grundnorm als bloße Hypothese, eine Norm könne immer nur der Sinn eines Willensaktes, nicht aber der Sinn eines Denkaktes sein. Daher sei die Annahme der Grundnorm als nicht durch einen Willensakt gesetzte, sondern im juristischen Denken bloß vorausgesetzte Norm tatsächlich anfechtbar, und man könne diesem Einwand nur dadurch begegnen, daß man zugebe, „daß mit der gedachten Grundnorm auch eine imaginäre Autorität mitgedacht werden muß, deren — fingierter — Willensakt die Grundnorm zu seinem Sinn hat"³²⁴. Diese neue Auffassung Kelsens ist insofern erstaunlich, da sie in klarem Widerspruch zu der vor allem in der ‚Reinen Rechtslehre' wiederholt und ausdrücklich vertretenen These steht, „daß eine Norm nicht nur der Sinn eines Willensaktes, sondern — als Sinngehalt — auch der Inhalt eines Denkaktes sein kann. Eine Norm kann nicht nur gewollt, sie kann auch bloß gedacht sein, ohne gewollt zu sein. Dann ist sie keine gesetzte, keine positive Norm. Das heißt: eine Norm muß nicht gesetzt, sie kann bloß im Denken vorausgesetzt sein³²⁵." Wenn es dementsprechend aber nur die positivrechtlich gesetzten Normen sind, deren Setzung auf Willensakten der zur Rechtsschöpfung berufenen Autoritäten beruht³²⁶, die Grundnorm aber in diesem Sinn gerade nicht mehr eine Norm des positiven Rechts ist und deshalb auch nicht deren Eigenschaft teilt, der Sinn von Willensakten zu sein, so ist der von Kelsen akzeptierte Einwand keineswegs zwingend.

Darüber hinaus ist die frühere Auffassung, daß die Grundnorm eine im Denken vorausgesetzte und nicht eine auf einem fiktiven Willensakt beruhende Norm ist, dem gesamten Theoriesystem Kelsens sehr viel adäquater. Denn wenn die Reine Rechtslehre sich gerade dadurch auszeichnet, daß sie den transzendenten Bereich als Möglichkeit der Rechtsgeltungsableitung klar und eindeutig als metaphysische oder

---

³²² *Kelsen*, Die Funktion der Verfassung, WRS S. 1977.
³²³ Vgl. dazu auch *Walter*, Der gegenwärtige Stand der Reinen Rechtslehre, S. 80/81, der beide Begriffe — Hypothese und Fiktion — als problematisch ansieht und anstelle dessen vorschlägt, den deutralen Ausdruck ‚Annahme' zur Kennzeichnung der Grundnorm zu verwenden.
³²⁴ *Kelsen*, Die Funktion der Verfassung, WRS S. 1977.
³²⁵ *Kelsen*, Reine Rechtslehre, 2. Aufl. S. 9; 23; 201.
³²⁶ Vgl. *Kelsen*, Reine Rechtslehre, 2. Aufl. S. 2 ff. und oben Teil 2, § 3, 3 a.

theologische Spekulation ablehnt, so erscheint es in dieser Hinsicht sehr viel konsequenter, die Grundnorm als hypothetische Voraussetzung auf das positive Recht zu beziehen, das allein zu erkennen sich die Reine Rechtslehre zum Ziel setzt, als die entgegengesetzte Richtung einzuschlagen und das positive Recht hinsichtlich seiner Geltung auf einen fingierten Willensakt als Denkbehelf zu beziehen.

d) Schlußfolgerungen

Zusammenfassend ist zweierlei festzuhalten: Zum einen ist die Dichotomie von Sein und Sollen im System der Reinen Rechtslehre durch die Grundnormthese nicht gefährdet. Der Vorwurf, die Grundnormtheorie vermöge die von Kelsen behauptete Disparität nicht durchzuhalten, da Geltung und Wirksamkeit einer Rechtsordnung letztlich konfundierten, ist nicht haltbar. Zum anderen stellt sich aber die davon zu unterscheidende Frage, ob das auf den Grundpositionen Dichotomie- und Grundnormthese beruhende System Kelsens sinnvoll ist, d. h. ob es geeignet ist, die Rechtswirklichkeit zu erfassen und genügend transparent zu machen. Ist es wirklich zutreffend, daß „die ‚Reine Rechtslehre' als Theorie in hohem Maße bestechend, ihr Ertrag für die Praxis aber gering" ist[327]? Oder aber ist es nur ein Mißverständnis zu meinen, eine Verifizierung der Theorie Kelsens am Wirklichen finde nicht statt, und der Wert der Reinen Rechtslehre bestehe allein darin, daß sie unter rechtsästhetischen Aspekten einen hohen geistigen Genuß vermittle[328]? Derselbe Autor scheint dabei — stellvertretend für viele — das Wesen der Theorie vom rechtlichen Stufenbau gründlich zu verkennen, wenn er schreibt: „Die radikale Trennung von Sein und Sollen hat im normlogischen System Kelsenschen Denkens die ... Eliminierung jeglicher Faktizität zur unausweichlichen Folge. Es führt eine lückenlose Kette (logischer) Normdeckungsfiguren vom richterlichen Urteil und der Verwaltungsanordnung über die Verfassung bis zur hypothetischen Grundnorm, die in reiner Formalität nur noch besagt, es soll dieser Verfassung entsprechend verfahren werden[329]." Diese Betrachtungsweise verkürzt nämlich die Stufenbautheorie unzulässig um eine wesentliche Dimension: den von ihr beschriebenen Bereich der autonomen Determinante jeder einzelnen Rechtserzeugungsstufe.

Die folgenden Ausführungen zu diesem eminent wichtigen Bestandteil der Stufenbautheorie wollen demgegenüber zeigen, daß die Suche nach „Auswege(n) aus der allseits als bedrückend empfundenen metho-

---

[327] *Larenz*, Methodenlehre, S. 74/75.
[328] *Fechner*, Ideologische Elemente in positivistischen Rechtsanschauungen, dargestellt an Hans Kelsens „Reiner Rechtslehre", ARSP Beiheft n. F. Nr. 6 (1970), S. 208.
[329] *Fechner*, ARSP Beiheft n. F. 6, S. 208.

dischen Enge des Kelsenschen Gedankengebäudes"[330] entbehrlich ist, da eine solche Enge gar nicht im System der Reinen Rechtslehre enthalten ist, sondern daß vielmehr gerade die Erkenntnise der Stufenbautheorie Merkls und Kelsens nicht nur eine methodisch reine, sondern darüber hinaus eine die theoretischen Ansatzpunkte für die Möglichkeit der Auseinandersetzung mit den faktischen Gegebenheiten der vom Recht normativ zu regelnden Sachverhalte enthaltende Betrachtungsweise gewährleisten.

§ 4: Die autonome Determinante und ihre Bedeutung im System der Reinen Rechtslehre

1. Das Ermessen im Rechtserzeugungsprozeß

Schon Merkl hatte darauf aufmerksam gemacht, daß der Prozeß einer stufenweisen Rechtserzeugung und Rechtsanwendung in seiner Dynamik durch die rechtswesenhafte Interdependenz zwischen der Objektivität des vorhandenen, bereits normierten Rechts und dem Element der Ermessenssubjektivität des jeweils zur Rechtserzeugung berufenen Organs gekennzeichnet ist. Dabei ist in der Stufenbautheorie Merkls die eigenständig kreative Funktion des subjektiven Faktors im Rechtsetzungsablauf Ausdruck der niemals vollständigen materiellen Determiniertheit der niederen durch die höheren Rechtsstufen[331].

Dieses von Merkl in seine Normstrukturenlehre integrierte Problem des freien Ermessens hat Kelsen von Anfang an in seiner Rechtstheorie klar zum Ausdruck gebracht. Schon in der 1. Auflage seiner ‚Hauptprobleme' bestimmt er das Wesen des freien Ermessens, ausgehend von der Gegensätzlichkeit von Abstraktheit und Konkretheit dahin, daß das freie Ermessen „nichts anderes als die notwendige Differenz zwischen dem Inhalt des abstrakten Staatswillens in der Rechtsordnung und der konkreten Staatshandlung in der Verwaltung, der Exekutive" sei[332]. Dabei ist für ihn von besonderer Bedeutung, daß die Konkretisierung der Rechtsinhalte nicht durch rein formallogische Deduktionen aus den generellen Normen möglich ist[333]. Daß Kelsen in den ‚Hauptproblemen' noch von einem absoluten Gegensatz zwischen genereller Norm und konkreter Vollziehung, Rechtsordnung und Verwaltung ausgeht[334], hat für die Strukturerkenntnis des subjektiven Ermessens keine besondere Bedeutung. Auch angesichts der von Merkl in

---

[330] Vgl. dazu den Bericht von *Neidert*, Sein und Sollen im Erfahrungsbereich des Rechts, S. 847.
[331] s. o. Teil 1, § 2, 6.
[332] *Kelsen*, Hauptprobleme der Staatsrechtslehre, S. 505, 506.
[333] *Kelsen*, Vorrede zur 2. Aufl. der Hauptprobleme, S. XIII.
[334] s. o. Teil 2, § 1.

§ 4: Die autonome Determinante und ihre Bedeutung 83

seiner Stufentheorie beschriebenen Relativität zwischen Rechtserzeugung und Rechtsanwendung, Legislative und Exekutive, Abstraktheit und Konkretisierung behält die Erkenntnis der rechtswesenhaft immer nur partiell möglichen Determinierung eines bedingten Aktes durch das ihn bedingende präformierte Recht grundsätzlich ihre Gültigkeit. Die theoretische Notwendigkeit der über einen rein formallogischen Deduktionsmechanismus hinausgehenden subjektiven Komponente im Prozeß stufenweiser Erzeugung und Anwendung des Rechts legt Kelsen in folgenden zentralen Überlegungen dar: „Es läßt sich leicht zeigen, daß jede Rechtsanwendung, d. h. jede Konkretisierung genereller Normen, jeder Übergang von einer höheren zu einer niederen Stufe der Rechtserzeugung, nur Ausfüllung eines Rahmens, nur Tätigkeit innerhalb der von der Norm höherer Stufe gesetzten Schranken ist. Niemals kann die Determination der niederen durch die höhere Stufe eine vollständige sein, stets müssen in der niederen Stufe inhaltliche Momente hinzukommen, die in der oberen Stufe noch fehlen, sonst wäre ja ein weiterer Fortschritt des Rechtserzeugungsprozesses gar nicht möglich, eine weitere Stufe überflüssig. So wie zwischen abstraktem Begriff und konkreter Vorstellung notwendig eine inhaltliche Differenz bestehen muß. Diese notwendige Differenz zwischen höherer und tieferer Stufe der Rechtskonkretisation ist das sog. ‚freie Ermessen'. Es ist grundsätzlich ebenso bei der Rechtsprechung wie bei der Verwaltung vorhanden, sofern eben beide nur mehr oder weniger, niemals aber ganz von der Gesetzgebung determiniert sind; wie ja auch diese mehr oder weniger durch die Verfassung bestimmt ist und daher einen mehr oder weniger großen Spielraum freien Ermessens hat[335]." Und in der ‚Reinen Rechtslehre' führt Kelsen aus: „Die Bestimmung der Erzeugung einer niederen durch eine höhere Norm kann verschiedene Grade haben. Sie kann aber niemals so gering sein, daß der in Frage stehende Akt nicht mehr als Akt einer Rechtsanwendung, und sie kann niemals so weitgehen, daß der Akt nicht mehr als Akt einer Rechtserzeugung angesehen werden kann[336]." Und im besonderen auf die Funktion der Rechtsprechung exemplifizierend eingehend, schreibt Kelsen: „... Der rechtserzeugenden Funktion der Gerichte (muß) ein gewisser Ermessensspielraum belassen bleiben. Die positive generelle Rechtsnorm kann nicht alle Momente vorbestimmen, die erst durch die Besonderheiten des konkreten Falles sich ergeben ... In dem Verfahren, in dem eine positive generelle Rechtsnorm individualisiert wird, muß das die generelle Rechtsnorm anwendende Organ stets Momente bestimmen, die in der generellen Rechtsnorm noch nicht bestimmt sind

---
[335] *Kelsen*, Allgemeine Staatslehre, S. 241; Die Lehre von den drei Gewalten oder Funktionen des Staates, WRS S. 1644 f.; Justiz und Verwaltung, WRS S. 1800 f.
[336] *Kelsen*, Reine Rechtslehre, 2. Aufl. S. 241.

und nicht bestimmt sein können. Die generelle Rechtsnorm ist stets nur ein Rahmen, innerhalb dessen die individuelle Rechtsnorm zu erzeugen ist. Aber dieser Rahmen kann enger oder weiter sein. Er ist am weitesten, wenn die positive generelle Rechtsnorm nur die Ermächtigung zur Erzeugung der individuellen Rechtsnorm enthält, ohne deren Inhalt vorauszubestimmen[337]."

Ergänzend ist Kelsens Ausführungen hinzuzufügen, daß die von ihm und Merkl beschriebene Rechtsstruktur der autonomen Determinante letztlich bereits in der Grundnormthese systematisch angelegt und in ihr auch theoretisch begründet ist. Denn da die Grundnorm der Reinen Rechtslehre vom dynamischen Typus ist, indem sie nur die Geltung des Rechtssystems begründet, als dessen oberste Geltungsgrundlage sie vorausgesetzt wird, über den Inhalt dieses Normensystems aber keinerlei Aussagen macht und die materielle Ausgestaltung der Rechtserscheinungen vollkommen der positiven Rechtsetzung überlassen bleibt[337a], so folgt daraus zwingend, daß das Recht ohne den subjektiven Ermessens- und Entscheidungsfaktor grundsätzlich und rechtswesenhaft gar nicht denkbar ist. Dabei ergibt sich aus dieser Eigenschaft der Grundnorm, eine rein dynamische Geltungsgrundlage der von ihr bedingten Rechtsstufen zu sein, daß die auf sie folgende nächsthöhere positivrechtliche Normstufe — üblicherweise die Verfassung — in bezug auf die Grundnorm eine vollständige autonome Determinante besitzt, da sie von ihr in keiner Weise materiell determiniert wird. Wie sich das Verhältnis von rechtlicher und außerrechtlicher Determinierung dann durch die weiteren Rechtsstufen einer Rechtsordnung hindurch entwickelt, beschreibt Achterberg anschaulich folgendermaßen: „Berücksichtigt man, daß die außerrechtliche im umgekehrten Verhältnis zur rechtlichen Determination durch vorrangige Rechtserzeugungsstufen steht — die immer wieder hervorgehobene größere Gestaltungsfreiheit des Gesetzgebers als der Verwaltungsbehörde beruht im Grunde nur darauf, daß die Zahl der ihn determinierenden Rechtsnormen geringer ist —, so wird ersichtlich, daß der Normenpyramide offenbar eine gegenläufige Pyramide außerrechtlicher Ordnungsmöglichkeiten entspricht — noch breit auf den höheren Rechtserzeugungsstufen, schmaler werdend mit deren zunehmender Konkretisierung[337b]."

2. Die Interpretation

Durch die Erkenntnis einer begriffsnotwendig stets vorhandenen partiellen Indeterminiertheit der Rechtsakte niederer durch die Rechts-

---
[337] *Kelsen*, Reine Rechtslehre, 2. Aufl. S. 250.
[337a] s. o. Teil 2, § 3, 3 a.
[337b] *Achterberg*, Hans Kelsens Bedeutung in der gegenwärtigen deutschen Staatslehre, S. 454.

§ 4: Die autonome Determinante und ihre Bedeutung

akte höherer Stufen ergibt sich für die Stufenbautheorie zwangsläufig die Einsicht in die Begrenztheit der spezifisch juristischen Interpretationsmöglichkeiten. Denn da die Unvollständigkeit materieller Determinierung zur Konsequenz hat, daß jeder Rechtsanwendungsakt in der ihn bedingenden Erzeugungsregel mehrere Möglichkeiten der Vollziehung vorfindet, so führt dementsprechend auch die Interpretation der den Rechtsanwendungsakt bedingenden Normen nicht zwangsläufig zu einem eindeutigen Ergebnis[338]. Die Interpretation kann für Merkl und Kelsen vielmehr immer nur eine Mehrzahl logisch gleichwertiger Lösungsmöglichkeiten aufzeigen. Dabei können all diejenigen Interpretationsergebnisse Anspruch auf logische Richtigkeit und positivrechtliche Gültigkeit erheben, die die Grenzen des im durch die bedingenden Rechtsnormen gezogenen normativen Entscheidungsrahmens nicht überschreiten[339]. Es ist evident, daß sich dieses Interpretationsverständnis der Reinen Rechtslehre von einer konventionellen, dogmatisch-exegetisch orientierten Rechtswissenschaft, die meint, allein aus den zu interpretierenden Rechtsnormen eine einzige richtige Entscheidung finden zu können, scharf abhebt[340].

Der Unterscheidung Kelsens zwischen Rechtsnorm und Rechtssatz[341] entspricht in diesem Zusammenhang die Differenzierung zwischen authentischer und nichtauthentischer Interpretation: authentisch ist die Interpretation des von der positiven Rechtsordnung zur Rechtsetzung berufenen Staatsorgans, das von mehreren im normativen Entscheidungsrahmen vorgegebenen Möglichkeiten aufgrund eines interpretierenden Willensaktes neues Recht schafft, indem seine Interpretation zugleich die Konstituierung eines Rechtsaktes bedeutet. Dagegen ist die rechtswissenschaftliche Interpretation für Kelsen nichtauthentisch, da diese grundsätzlich niemals neues Recht erzeugen kann — mangels einer ihr von der jeweiligen Rechtsordnung eingeräumten Kompetenz — sondern immer nur eine rein erkenntnismäßige Feststellung des Sinnes der Rechtsnormen darstellt[342]. Auch für die Konzeption der Reinen Rechtslehre ist es dabei freilich selbstverständlich, daß es jeder

---

[338] *Kelsen*, Zur Theorie der Interpretation, WRS S. 1365 ff.; Reine Rechtslehre, 2. Aufl. S. 348 ff.
[339] *Kelsen*, Zur Theorie der Interpretation, WRS S. 1366; Reine Rechtslehre, 2. Aufl. S. 349.
[340] Zur Kritik dieses konventionellen Interpretationsverständnisses vgl. vor allem *Krawietz*, Juristische Methodik und ihre rechtstheoretischen Implikationen, in: Rechtstheorie als Grundlagenwissenschaft der Rechtswissenschaft, Jahrbuch für Rechtssoziologie und Rechtstheorie, Bd. 2 (1971), S. 19 ff. (23/24).
[341] s. o. Teil 1, § 1, 1.
[342] *Kelsen*, Reine Rechtslehre, 2. Aufl. S. 352 ff.; Zur Theorie der Interpretation, WRS S. 1368; ebenso schon *Merkl*, Das Recht im Lichte seiner Anwendung, WRS S. 1183 ff., der zwischen authentischer und intellektueller Interpretation unterscheidet.

positiven Rechtsgestaltung unbenommen ist, rechtswissenschaftlichen Interpretationen und Lehrmeinungen normativen Rang zuzuerkennen und sie in den Stufenbau einer Rechtsordnung zu integrieren, wie dies beispielsweise im Art. 38 des Statuts des Internationalen Gerichtshofes geschehen ist.

In diesem Zusammenhang sei auch noch auf die von Achterberg aufgeworfene Frage hingewiesen, ob nicht das Erfordernis der Effektivität einer Rechtsordnung zur Konsequenz habe, daß das Gebot verfassungskonformer Auslegung, wie es beispielsweise von der Verfassungsrechtsprechung in der BRD entwickelt worden ist[343], allgemein zu einem Gebot der mit höherrangigen Normen übereinstimmenden Interpretation zu erweitern sei[344]. Diese Fragestellung darf indes nicht mißverstanden werden: mit dem Hinweis auf das Effektivitätserfordernis kann in diesem Zusammenhang selbstverständlich nur ein rechtspolitischer Begründungsversuch angesprochen sein, und ausschließlich in diesem Sinne ist Achterbergs These gemeint. In methodischer Hinsicht wäre es nämlich nicht zulässig, das Effektivitätserfordernis in Beziehung zur ausschließlich normativ-deduktiven Problematik einer konformen Auslegung niederer gegenüber den sie bedingenden höherrangigen Normen zu setzen: die der Reinen Rechtslehre zugrundeliegende Disparitätsthese steht einer normlogischen Begründungsfunktion des Effektivitätsmomentes grundsätzlich entgegen. Es wäre dabei verfehlt, aus der Tatsache, daß das Wirksamkeitserfordernis Bestandteil der Grundnormformulierung ist, schließen zu wollen, weitere Konsequenzen für die inneren Normstrukturen einer Rechtsordnung herleiten zu können. Denn die Aufnahme des Effektivitätserfordernisses in die Grundnormhypothese ist allein aus dem Grunde methodisch zulässig und geboten, weil in ihm die Bestimmung des Gegenstandes rechtswissenschaftlicher Erkenntnis erfolgt; außerdem ist die Grundnorm in ihrer Funktion, den Grenz- und Ursprungsbereich einer Rechtsordnung zu bezeichnen, als bloß im Denken vorausgesetzter Akt selbst nicht mehr positivrechtlicher Bestandteil der Rechtsordnung, der sie als oberste Geltungsgrundlage hypothetisch zugeordnet ist[345]. Sobald die normativen Strukturen einer Rechtsordnung selbst in Frage stehen, würde die Einbeziehung der Effektivität eines Rechtssystems in normlogische Zusammenhänge einen Verstoß gegen die Dichotomie von Sein und Sollen darstellen und deshalb innerhalb der Reinen Rechtslehre systemwidrig sein. Aus der Normlogik der Stufenbautheorie ergibt sich zunächst nur die Konsequenz, daß jede Überschreitung der den normati-

---

[343] Vgl. BVerfGE 19, 1 ff.; 30, 129 ff.
[344] *Achterberg*, Hans Kelsens Bedeutung in der gegenwärtigen deutschen Staatslehre, S. 453.
[345] Vgl. oben Teil 2, § 3, 3 b.

ven Entscheidungsrahmen ausmachenden Interpretationsmöglichkeiten zur Nichtigkeit des fraglichen Rechtsanwendungsaktes führt, da dieser den Bedingungen seiner Entstehung und Geltung nicht genügt[346]. Und ebenso, wie es allein Sache der positivrechtlichen Ausgestaltung einer Rechtsordnung ist, ob ein solcher fehlerhafter Rechtsakt gleichwohl nicht als nichtig, sondern bloß als anfechtbar oder aber als rechtskräftig bestehend behandelt wird[347], so kann auch das Gebot einer im obigen Sinne konformen Interpretation nur aus dem positiven Normensystem selbst, nicht aber aus dem allgemeinen Effektivitätsprinzip geschlossen werden.

Daß dabei der von Achterberg unter dem rechtspolitischen Aspekt der notwendigen Geschlossenheit einer Rechtsordnung zur Diskusison gestellte Vorschlag sinnvoll ist, steht außer Frage. Regelmäßig wird nämlich das Rechtsetzungsorgan, das in Anwendung einer höherrangigen Erzeugungsregel deren normative Entscheidungsprämissen interpretiert, von der Intention geleitet sein, sich mit seiner Interpretation innerhalb der ihm vom Entscheidungsrahmen gezogenen Grenzen zu bewegen. Ist es zweifelhaft, ob ein hinsichtlich seiner Geltung überprüfter Akt die ihn bedingenden Entstehungs- und Geltungsvoraussetzungen erfüllt, so erscheint es deshalb unter rechtspolitischen Gesichtspunkten sinnvoll und geboten, den Sinn des fraglichen Aktes, soweit das in grammatikalisch-logischer Hinsicht möglich ist, grundsätzlich konform zu den in der ihn bedingenden Erzeugungsregel enthaltenen Geltungsvoraussetzungen zu interpretieren, bzw. ein solches Gebot konformer Auslegung positivrechtlich zu normieren[348].

3. Konsequenzen aus der Strukturerkenntnis der autonomen Determinanten

Wie vor allem in der Interpretationstheorie der Reinen Rechtslehre deutlich wird, führt das Strukturphänomen der autonomen Determinante zu einer vertieften Einsicht in das Wesen rechtlicher Entscheidungsprozesse. Zugleich erweist sich in dieser Strukturerkenntnis Merkls und Kelsens, daß die Disparitätsthese der Wiener Schule keinesfalls von einem beziehungslosen Nebeneinander des normativen Sollens einer Rechtsordnung und des von diesem zu regelnden Seins der gesellschaftlichen Wirklichkeit ausgeht. Wenn die Normlogik der Stufenbautheorie erkennen läßt, daß das Recht hinsichtlich seiner Regelungs-

---

[346] *Merkl*, Das doppelte Rechtsantlitz, WRS S. 1102/1103; *Kelsen*, Reine Rechtslehre, 2. Aufl. S. 271 f., 280 ff.
[347] Dazu vor allem *Merkl*, Die Lehre von der Rechtskraft, S. 292 ff.; *Kelsen*, Reine Rechtslehre, 2. Aufl. S. 280 ff.
[348] Vgl. dazu auch *Kelsen*, Über Staatsunrecht, WRS S. 1009 f.

funktion grundsätzlich immer nur den Charakter eines normativen Rahmens hat, dessen Ausfüllung in einer konkreten Entscheidungssituation dem subjektiven Ermessen des mit der Entscheidung befaßten, zur Setzung eines Rechtsaktes berufenen Rechtsetzungsorgans vorbehalten ist, so ist es offenkundig, daß sich die Ausübung dieses subjektiven Ermessens an anderen Maßstäben zu orientieren hat als an den sich aus dem präformierten Recht ergebenden spezifisch normativen Kriterien. Denn die rechtliche, vom Sollenscharakter ihrer Normen geprägte Regelung eines zur Entscheidung anstehenden Sachverhalts kann logischerweise nur soweit gehen, als die Reichweite des normativen Entscheidungsrahmens selbst geht. Die Ausfüllung des Bereichs, der von der jeder Rechtserzeugungsstufe eigenen autonomen Determinante eingenommen wird, muß sich demgegenüber an denjenigen Maßstäben orientieren, die sich aus dem zu regelnden Sachverhalt selbst ergeben: und das sind keine anderen als tatsächliche, weil der dem Bereich des Seins zugehörenden faktischen Natur des Sachverhalts entspringend. Für diese faktische Komponente, die autonome Determinante, enthält das auf den jeweiligen praktischen Fall anzuwendende Normengefüge seinem Rahmencharakter entsprechend überhaupt keine Regeln mehr. Das bedeutet, vom Standpunkt des das Recht höherrangiger Normstufen anwendenden Rechtsetzungsorgans aus gesehen, ist der die konkrete Entscheidung tragende Denk- und Erkenntnisprozeß so lange von faktischen, d. h. politischen, soziologischen, historischen, psychologischen und anderen tatsächlichen Erwägungen und Gesichtspunkten bestimmt, als er sich — vom Recht her gesehen — jenseits der Grenzen des normativen Entscheidungsrahmens, also im Bereich der autonomen Determinante bewegt.

Erst der Begriff der autonomen Determinante erschließt somit auch die eigentliche Bedeutung der von Kelsen so kompromißlos und unbeirrbar verfochtenen Ablehnung jeglichen Methodensynkretismus' im Bereich des rechtswissenschaftlichen Arbeitens. Zwar beinhaltet Kelsens Auffassung eine Verengung des Gegenstandes rechtswissenschaftlicher Erkenntnis, als seine Reine Rechtslehre wissenschaftliche, d. h. vom positiven Recht her gesehen objektive Aussagen nur über die Rechtsnormen, das positive Recht selbst in seiner Sollgeltung für möglich erklärt. Aber das bedeutet noch lange nicht, daß sich die Reine Rechtslehre dabei nicht ihrer Eigenschaft als einer „partial isolierenden Methode"[349] bewußt bliebe. Aus all den Phänomenen, die in der realen Wirklichkeit mit der Rechtsidee als eines Instrumentariums zur Ordnung zwischenmenschlicher Beziehungen und Konflikte in Berührung kommen, wählt die Reine Rechtslehre vielmehr ganz bewußt den

---

[349] *Fechner*, Ideologische Elemente in positivistischen Rechtsanschauungen, S. 199.

§ 4: Die autonome Determinante und ihre Bedeutung

spezifischen rechtlichen Regelungsfaktor, eben die Normen des positiven Rechts aus. Von dieser Festsetzung des Erkenntnisobjektes ausgehend, untersucht sie, wie weit die positiven Rechtsnormen die von ihnen zu entscheidenden Lebenssachverhalte überhaupt in normativer Hinsicht regeln und die Rechtsetzung auf den tieferstehenden Rechtsstufen determinieren können. Und dabei zeichnet es die Reine Rechtslehre in besonderem Maße aus, daß sie getreu der Maxime Kants[350] in ihren Rechtssätzen erkennt und beschreibt, was denn eigentlich das spezifische Wesen des Rechts und der Rechtswissenschaft ist, das sie von anderen Erkenntnis- und Wissenschaftsdisziplinen unterscheidet. Zwar erreicht eine methodisch derart geprägte wissenschaftliche Erkenntnis selbstverständlich die von ihr selbst definierten Grenzen ihres Erkenntnisvermögens. Beschreibt die Reine Rechtslehre aber die theoretischen Grenzen der Normierungsreichweite des positiven Rechts und dementsprechend auch die Grenzen der Wissenschaft vom Recht, so zeigt sie damit zugleich auf, wo die Berührungspunkte des normativen, dem Bereich des Sollens angehörenden Rechts mit dem tatsächlichen Sein der sozialen Realität liegen, macht sie deutlich, wo die Notwendigkeit explikativer anstelle normativer Betrachtungsweisen liegt[351]. Diese Begrenztheit des Rechts und seiner Wissenschaft ist es, die Kelsen im Sinn hat, wenn er schreibt, selbstverständlich bedeute das Disparitätsaxiom und die aus ihm resultierende Ablehnung methodensynkretistischer Betrachtungsweisen nicht, daß der Jurist sich nicht auch mit anderen als auf eine positive Rechtsordnung bezogenen normativen Erwägungen und Konstruktionen befassen dürfe: „Im Gegenteil[352]!" Er muß es sogar, wie sonst sollte er nach der Konzeption der Stufenbautheorie Entscheidungen treffen, Rechtsstreitigkeiten durch Setzung neuer Normen regeln können, wenn doch, wie die Strukturerkenntnis der autonomen Determinante aufzeigt, jedweder Rechtsetzungsakt von den ihn bedingenden Rechtsstufen in normativer Hinsicht nur unvollständig determiniert ist. Er darf nur dort nicht mehr unter Berufung auf das Recht bzw. die spezifisch normativ ausgerichtete Rechtswissenschaft argumentieren, wo er den Bereich der rechtlich heteronomen Determinante verläßt und Überlegungen im Bereich der autonomen Determinante anstellt. Kelsens Forderung geht dahin, daß sich der Jurist dieser Unterschiedlichkeit immer bewußt sein muß, wie weit seine Entscheidung objektiv vom Recht, das heißt von den Normen einer positiven Rechtsordnung bestimmt ist, und wo er sich im Bereich des subjektiven, an faktischen Kriterien auszurichtenden Ermessens bewegt.

---

[350] s. o. Teil 2, § 3, 1.
[351] *Achterberg*, Hans Kelsens Bedeutung in der gegenwärtigen deutschen Staatslehre, S. 454; Kelsen und Marx, S. 48; 65; 70 These 16.
[352] *Kelsen*, Hauptprobleme der Staatsrechtslehre, S. 42.

Wenn aber die Stufenbautheorie und die Reine Rechtslehre in die Erkenntnis einmünden, die normative Bestimmtheit des Rechtserzeugungsprozesses könne immer nur einen mehr oder weniger weiten, verschiedene Entscheidungen als logisch möglich zulassenden Entscheidungsrahmen darstellen, bezüglich dessen konkreter Ausfüllung das Recht bzw. die es in ihren Rechtssätzen beschreibende Rechtswissenschaft keine Aussagen mehr enthalte, wie kann man dann einer solchen Theorie zum Vorwurf machen, bei ihr handele es sich „um so etwas wie eine Standesideologie des Wissenschaftlers, der eine spezifische wissenschaftliche Denkneigung zu mathematisch naturwissenschaftlicher Exaktheit und Allgemeingültigkeit methodologisch verabsolutiere, dabei zu einer einseitigen Interpretation ‚des Rechts' (im Sinne ‚exakter Rechtswissenschaft') gelangt und mit der so determinierten Wesenhaftigkeit des Rechts in die Gefahr gerät, die Einseitigkeit in den Bereich des Ontischen zu erweitern, auch wenn das ausdrücklich verneint wird"[353]? Ebenso scheint auch Larenz die Reine Rechtslehre zu verkennen, wenn er schreibt, Kelsen habe in seiner Reinen Rechtslehre den Versuch unternommen, „der Rechtswissenschaft, ähnlich der Logik und der Mathematik, einen rein ideellen Gegenstand zu vindizieren und sie auf das zu beschränken, was daran denkgesetzlich notwendig ist"[354]. Der Reinen Rechtslehre geht es nicht um die Vindikation eines ideellen Gegenstandes, sondern um klare Abgrenzungen im Interesse einer methodisch reinen Erkenntnismöglichkeit. Ihr Erkenntnisziel ist es aufzuzeigen, wie weit sich der Jurist bei seinen Entscheidungen auf das positive Recht und die das Recht beschreibenden Rechtssätze der Wissenschaft berufen kann, und wie weit sich der Erkenntnisbereich der Rechtswissenschaft erstreckt. Und die einleuchtende Antwort der Reinen Rechtslehre auf beide Fragen lautet: nur so weit, wie der Bereich des positiven Rechts selbst geht. Darüber hinaus, im Bereich der autonomen Determinanten der einzelnen Rechtserzeugungsstufen — die zwar vom Recht eingegrenzt werden, aber selbst nicht mehr normativer, d. h. rechtlicher Natur sind — endet die Kompetenz des Rechtswissenschaftlers, und der Jurist muß sich an anderen als normativen, vielmehr an explikativen, das faktische soziale Sein beschreibenden Aussagen ausrichten. Eine sinnvolle, den Gegebenheiten des zu regelnden Falles innerhalb des vom Recht gezogenen normativen Rahmens sachlich gerecht werdende Entscheidung erfordert damit notwendigerweise die Reflektion sozialwissenschaftlicher, psychologischer, politischer und wirtschaftlicher Erkenntnisse und Erwägungen, nur daß eben diese explikativen Betrachtungen nicht mehr im spezifisch normativen Bereich des Rechts liegen können.

---

[353] *Fechner*, Ideologische Elemente in positivistischen Rechtsanschauungen, S. 208.
[354] *Larenz*, Methodenlehre, S. 41.

§ 4: Die autonome Determinante und ihre Bedeutung 91

Ebenfalls unzutreffend ist es zu meinen, die Methodik der Reinen Rechtslehre bzw. der Stufenbautheorie dürfe als Erleichterung des praktischen Judizierens empfunden werden in dem Sinne, das juristische Denken könne sich befreit fühlen „von den Unsicherheiten, die sich aus dem Wertpluralismus in freiheitlich toleranten Demokratien ergeben und bestärkt in einem Denken, das auf dem vertrauten Boden normativer Überlegungen beharrt, ungeachtet der Fragen, ob das ‚materialer Gerechtigkeit' förderlich ist oder nicht"[355]. Welches Standesethos die Wiener Schule als dem Recht vorgelagertes und nur im wissenschaftlichen Sinne metajuristisches Postulat beinhaltet, drückt Pitamic in einer den Gedankengängen Kelsens und Merkls adäquaten Weise aus, wenn er sagt: „Der hohe sittliche Wert und die sittliche Notwendigkeit einer moralischen Verpflichtung zur dauernden Einstellung auf einen ganz bestimmten Ausgangspunkt des Rechtes soll hier — dies sei mit aller Entschiedenheit nachdrücklich betont — nicht im entferntesten irgendwie in Zweifel gezogen ... werden[356]." Die Reine Rechtslehre sagt gemäß ihrer Eigenschaft als eine wertrelativistische Theorie vom Recht nur, daß ethische und moralische Wertvorstellungen im Recht sich nicht aus metarechtlichen und transzendenten Rechtsideen ergeben, sondern allein den tatsächlichen Vorstellungen jeweils unterschiedlicher Sozietäten von Menschen entstammen können und vom Recht her nur dann gesollt sind, wenn sie positiv normiert werden. Gerade die Reine Rechtslehre ist es, die die ungeheure Komplexität und Kompliziertheit rechtlicher Entscheidungsprozesse und die daraus resultierende Verantwortlichkeit des Juristen in aller Deutlichkeit aufzeigt. Die Stufenbautheorie mit ihrer Erkenntnis der Begrenztheit jedes normativen rechtlichen Entscheidungsrahmens und ihrer Einsicht in die zusätzliche Notwendigkeit, den Bereich der autonomen Determinante aufgrund explikativer Reflektionen ausfüllen zu müssen, um eine Rechtskonkretisierung vornehmen zu können, führt die Vielfältigkeit der erforderlichen Überlegungen und metarechtlichen Erkenntnisse theoretisch zwingend vor Augen, denen der praktizierende Jurist gerecht werden muß, um die von ihm zu regelnden Fälle möglichst adäquat entscheiden zu können.

Es ist dementsprechend ein großes Mißverständnis anzunehmen, die Reine Rechtslehre wolle Ethik, Moral und andere Wertvorstellungen aus dem Bewußtsein des Juristen eliminieren. Sie will vielmehr genau entgegengesetzt den Blick der mit der Rechtsschöpfung betrauten Rechtssetzungsorgane schärfen, indem sie ihnen die Möglichkeit nimmt, sich zur Begründung ihrer Entscheidungen noch auf das Recht zu berufen,

---
[355] *Fechner*, Ideologische Elemente, S. 212.
[356] *Pitamic*, Denkökonomische Voraussetzungen der Rechtswissenschaft, S. 357/358.

wo dieses hinsichtlich seiner normativen Sollgeltung schon ausgeschöpft ist. Kelsen und Merkl haben mit ihrer Stufenbautheorie, die normativen Entscheidungsrahmen und autonome Determinante im stufenförmigen Rechtserzeugungs- und Rechtsanwendungsprozeß trennt, ein neues Verständnis für Aufgaben und Verantwortlichkeit des Juristen inauguriert: wo der normative Entscheidungsrahmen der Erzeugungsregel endet und der Bereich des subjektiven Ermessens beginnt, bleibt der praktizierende Jurist vom Recht her gesehen auf sich gestellt. Mit Politik und Macht, sozialen Verhältnissen, der Notwendigkeit psychologischer Durchdringung von Menschen und ihren Handlungsweisen, ethischen und moralischen Wertvorstellungen, als tatsächlichen, bloß relativen und hinsichtlich ihrer Gültigkeit (ebenso wie das Recht selbst) letztlich nie vollständig beweisbaren Kriterien, sieht er sich gerade im Spiegel der Reinen Rechtslehre konfrontiert. Kelsen hat dem Juristen die Illusion genommen, im Schoße einer positiven Rechtsordnung ruhend und von einer dogmatisch-exegetischen Rechtswissenschaft geleitet, unreflektiert Recht anwenden und erzeugen zu können. Wo Recht und Rechtswissenschaft in ihrem Gehalt erschöpft sind und der Bereich der autonomen Determinante im positiven Rechtsetzungsprozeß beginnt, muß der Jurist den Blick vom Sollen auf das Sein richten. Überschreitet man die Grenze zwischen rechtlichem Sollen und sozialem Sein, Rechts- und Sozialwissenschaften — und die Strukturerkenntnis der autonomen Determinante erfordert dies, die Stufenbautheorie läßt daran keinen Zweifel —, endet die Möglichkeit, sich zur Begründung von Entscheidungen, die im Ermessen des Entscheidenden stehen, auf das Recht und seine wissenschaftliche Erkenntnis zu berufen. Nunmehr muß der Jurist seine Entscheidungen an anderen, metarechtlichen Maßstäben ausrichten: verstößt er dabei gegen den innerhalb eines sozialen Seins jeweils vorhandenen Konsens über ethische und moralische Wertvorstellungen, stellt er sich in den Dienst machtpolitischer Ideologie und Herrschaft, so mag er sich mit allem anderen rechtfertigen, nur nicht mit dem Recht. Sich auf das in ihm normierte Sollen zu berufen, darf er nur, soweit der jeweilige positivrechtliche Normenrahmen reicht, darüber hinaus ist ihm die Berufung auf das Recht verwehrt.

Macht man sich diese Aussagen der Stufenbautheorie innerhalb des Systems der Reinen Rechtslehre klar, so ist es allerdings ein „makabrer Scherz", Kelsens Lehre mit der politischen Entwicklung seiner Zeit — der Herrschaft totalitärer Systeme im Europa der zwanziger und dreißiger Jahre — in Verbindung zu bringen[357]. In Kelsens System sind und bleiben kritischer Positivismus und Ideologie unversöhnliche Gegner[358].

---

[357] *Walter*, Der gegenwärtige Stand der Reinen Rechtslehre, S. 72, ist es, der diesen Vorwurf zu Recht mit Entschiedenheit zurückweist.

§ 5: Zusammenfassung

Die herausragenden Beiträge Merkls zur Reinen Rechtslehre sind die Erkenntnisse der Rechtsdynamik als eines genetischen Zusammenhanges der verschiedenen Rechtserscheinungen im System der Stufenbaulehre. Kelsen übernimmt Merkls Strukturerkenntnisse des Bedingungszusammenhanges, der Parallelität von Rechtserzeugung und Rechtsanwendung und der rechtlichen Selbsterzeugung ohne Einschränkung und Veränderung. Seine eigenen Untersuchungen betreffen darüber hinaus vor allem die Grenzen zwischen normativem Recht und faktischem Sein. Die Thematik des Verhältnisses von Sein und Sollen ergibt sich für Kelsen aus der Frage nach dem spezifischen Wesen des Rechts. Dabei wird durch die Disparitätsthese die Grundnormproblematik als die Frage nach der letzten und höchsten Geltungsgrundlage einer Rechtsordnung aufgegeben: denn folgt aus der Disparität von Sein und Sollen, daß Geltungsgrundlage einer Norm immer nur eine andere Norm sein kann, so scheidet jegliche Faktizität als Geltungsgrundlage einer Rechtsordnung aus; die Natur der Sache oder die normative Kraft des Faktischen können damit im Stufenbau als Rechtsquellen nicht enthalten sein, ebensowenig wie eine Naturrechtsordnung, da diese gegenüber den Normen einer positiven Rechtsordnung selbst keinen normativen Charakter haben kann. Die oberste und letzte Geltungsgrundlage eines Rechtssystems muß deshalb ausschließlich normlogisch begründet werden, wenn sie den Bereich der strengen Normativität des Rechts nicht verlassen soll. Dabei geht Kelsen von folgenden Überlegungen aus: während die positiven Rechtsnormen als Willensakte beschrieben werden, deren objektiver Sinn die Konstituierung eines Sollens ist, kann die oberste Geltungsgrundlage einer Rechtsordnung selbst nicht durch einen Willensakt gesetzt sein: da jenseits der höchsten Rechtsetzungsinstanz einer positiven Rechtsordnung eine andere, transzendente Rechtsautorität der menschlichen Erkenntnis jedenfalls unzugänglich bleiben muß, kann die letzte normlogische Geltungsgrundlage nur als Denkakt vorausgesetzt werden. Die Grundnorm wird somit als bloße Hypothese aufgefaßt, deren Funktion es ist, einen ins Unendliche gehenden Regreß hinsichtlich der sich aus dem Disparitätsaxiom ergebenden Normgeltungsfrage abzuschneiden. Die hypothetische Grundnorm hat für Kelsen zugleich einen rein dynamischen Charakter im Hinblick auf das Normensystem, dem sie als Geltungsbegründung zugeordnet ist: allein die normlogische Geltung, nicht aber auch die materiellen Norminhalte eines Rechtssystems lassen sich aus ihr ableiten. Die Grundnorm beinhaltet ausschließlich die

---

[358] Gegen *Fechner*, Ideologische Elemente, S. 199 ff. und *Hofmann*, Rezension von: Kelsen, Aufsätze zur Ideologiekritik, Philosophische Rundschau 13 (1965), S. 310.

hypothetische Einsetzung der obersten Rechtsetzungskompetenz. In dieser Eigenschaft wird die Grundnorm zugleich zum theoretischen Ausdruck des die Reine Rechtslehre charakterisierenden Wertrelativismus: die Grundnormthese hat zur Konsequenz, daß einer Rechtsordnung nur eine bedingte Geltung zuerkannt wird und daß damit die Geltungsfrage letztlich offen bleibt.

Kelsens Aussage, daß die Grundnorm als hypothetischer Denkakt nur auf solche Rechtsordnungen bezogen wird, die von den Rechtsunterworfenen befolgt werden und damit im wesentlichen wirksam sind, entspricht dem von Pitamic herausgearbeiteten denkökonomischen Prinzip. Dabei wird das rein normlogische System der Reinen Rechtslehre durch die Aufnahme des faktischen Effektivitätsmomentes in die Grundnormformulierung nicht gesprengt, da Geltung und Wirksamkeit einer Rechtsordnung streng voneinander getrennt bleiben. Die Wirksamkeit ist die bloße Bedingung der Geltung — und nicht deren Bestandteil. Auch in methodischer Hinsicht ist die Geltungsfrage strikt zu unterscheiden von der Wirksamkeit eines Rechtssystems: die normative Geltung unterliegt der deduktiven Methode, während die Wirksamkeit einer Rechtsordnung nur induktiv festgestellt werden kann. Dabei gebietet die Denkökonomie, in bezug auf die deduktive Analyse der normativen Rechtsstrukturen so wenig faktische Momente wie möglich für die induktive Gegenstandsbestimmung der rechtswissenschaftlichen Erkenntnis berücksichtigen zu müssen. Diesem Postulat wird durch die Aufnahme des Effektivitätserfordernisses in die Grundnormformulierung entsprochen.

Von besonderer Bedeutung ist schließlich die Aussage der Stufentheorie, daß jede Rechtserzeugungsstufe eine autonome Ermessensdeterminante besitzt: die Determinierung einer niederen durch die sie bedingenden höheren Stufen kann niemals vollständig sein; auf jeder tieferen bedingten Stufe müssen noch inhaltliche Momente induziert werden, die in der bedingenden Erzeugungsregel noch nicht enthalten sind. Nur so wird überhaupt die von der Grundnorm ausgehende dynamische Fortentwicklung eines Rechtssystems möglich. Das Material der die bedingten Rechtsakte bedingenden Normen stellt damit immer nur einen Entscheidungsrahmen dar, der das subjektive Ermessen der Rechtsetzungsorgane begrenzt. Innerhalb dieses Rahmens kann sich das Ermessen frei entfalten. Dabei hat es sich nicht mehr an normativrechtlichen Maßstäben zu orientieren, sondern an den empirischen Gegebenheiten des zu regelnden Sachverhalts. Auf diese Weise beschreibt die Stufenbautheorie im Bereich der autonomen Determinante — neben der Grundnorm und dem letzten tatsächlichen Vollzugsakt im Merklschen Idealrechtssystem — einen weiteren Berührungspunkt zwischen normativer Rechtsordnung und faktischem Sein. Die Problemkreise der Grundnorm und der autonomen Determinante weisen dabei nicht nur auf die Grenzen, sondern zugleich auch auf die Berührungspunkte zwischen normativer Rechtswissenschaft und explikativer Sozialwissenschaft hin.

Schluß

Als Ergebnis der Beschäftigung mit der Stufenbaulehre Merkls und Kelsens ist festzustellen, daß das System der Reinen Rechtslehre jedenfalls im Bereich der Stufentheorie und der sie berührenden Grundpositionen Kelsens nicht als widerlegt oder überholt anzusehen ist. Dabei entfalten die Stufenbautheorie und das Gesamtsystem der Reinen Rechtslehre wechselseitige Begründungsfunktionen füreinander. Auf die Bedeutung der Grundnormthese und des Disparitätsaxioms bezüglich der theoretischen Grundlagen der Stufenlehre ist mehrfach und eingehend hingewiesen worden. Umgekehrt ist aber auch die Stufentheorie, namentlich mit ihrer Strukturerkenntnis der autonomen Determinante eine entscheidende Bestätigung für die Stringens und Folgerichtigkeit des Systems der Reinen Rechtslehre. Dabei besteht die Begründungsvalenz der autonomen Determinante für das Gesamtsystem Kelsens darin, daß sie den so häufig gegen die Reine Rechtslehre erhobenen Vorwurf zu entkräften vermag, diese werde mit ihrem Anspruch, das Recht ausschließlich normativ zu begreifen, sowohl ihren eigenen theoretischen Voraussetzungen als auch der Rechtswirklichkeit nicht gerecht[359]. Daß darin ein entscheidendes Mißverständnis gegenüber der Reinen Rechtslehre besteht, erweist sich — wie in der Grundnormthese Kelsens — auch angesichts der Strukturerkenntnis der autonomen Determinante: denn in ihr wird theoretisch fundiert deutlich, daß Merkl und Kelsen das Recht gerade nicht als ein gegenüber dem Bereich des Seins hermetisch abgeschlossenes System normativer Rechtsakte verstehen, sondern die Strukturen des Rechts in ihrer Offenheit und notwendigen Interdependenz mit dem Seinsbereich sehen. Wie die Grundnorm gegenüber dem naturrechtlichen Bereich, so ist die autonome Determinante der Punkt, an dem sich der normative Bereich des Rechts und der empirische Bereich des vom Recht zu regelnden sozialen Seins berühren. Denn ist die in Anwendung einer höherrangigen Erzeugungsregel erfolgende Rechtsetzung eines neuen Rechtsaktes nicht ein rein automatischer Subsumtionsmechanismus, sondern findet das normanwendende Organ auf jeder Rechtserzeugungsstufe einen rechtswesenhaft vorhandenen subjektiven Ermessensspielraum vor, innerhalb dessen die Auseinandersetzung mit den empirischen Gegebenheiten des zu regelnden Sachverhalts zu erfolgen hat, so wird hierin eine entscheidende Konsequenz der Stufenbaulehre für die Richtigkeit

---
[359] Vgl. besonders oben Teil 2, § 3, 3 d.

der Disparitätsthese Kelsens sichtbar: indem die Stufenbautheorie auf der einen Seite eine rein normative Betrachtung des Rechts gibt, zeigt sie auf der anderen Seite unter Vermeidung jeglichen Methodensynkretismus im Bereich der autonomen Determinante um so deutlicher auf, wo der Berührungspunkt einer normativen Rechtsordnung mit der Faktizität des gesellschaftlichen Seins liegt.

Weiterhin gewinnt die Stufenbautheorie mit dieser Konzeption eines einheitlichen, in sich zwar geschlossenen normativen, nach außen hin zum Bereich der Faktizität aber offenen Rechtssystems für die Frage nach dem Verhältnis zwischen normativer Rechtswissenschaft und explikativen Sozialwissenschaften eine außerordentliche Bedeutung. Wiederum ist es Achterberg, der diese Erkenntnis zum Diskussionsgegenstand macht: „Aus der autonomen Determinante ergibt sich, daß auch nach der Konzeption der Wiener Schule auf jeder Erzeugungsstufe prinzipiell die Möglichkeit besteht, außerrechtliche Vorstellungen in die Rechtsordnung zu induzieren — und genau hier liegt der Punkt, an dem — außer an der erwähnten, durch Grund- und Endnorm gezogenen Grenze — sich die Rechtswissenschaft den Sozialwissenschaften zu erschließen vermag[360]." Und auf die diesbezügliche Bedeutung der anderen Grenzbereiche des Rechts eingehend, schreibt er: „Wie vor der Grundnorm, so gibt es auch nach der Endnorm — dem Vollstreckungsakt etwa — kein Sollen mehr. Wir befinden uns im metarechtlichen Bereich, zumindest an dieser Grenze ... sollten sich Rechts- und Sozialwissenschaftler die Hand reichen[361]." Die von der Stufentheorie im Grundnormproblem und in der autonomen Determinante beschriebene Begrenztheit der Erkenntnismöglichkeiten einer rein normativen Rechtswissenschaft hat zur unausweichlichen Konsequenz die Notwendigkeit komplementärer sozialwissenschaftlicher Entscheidungsanalysen und -direktiven. Wenn die Reine Rechtslehre wie kaum eine andere Rechtstheorie den fragmentarischen Charakter der spezifisch normativen Rechtsdimension sichtbar und deutlich macht, daß der Jurist schon rein begrifflich seine Entscheidungen nicht allein auf die nur rahmenhaften normativen Entscheidungsprämissen der jeweiligen Rechtsordnung stützen kann und darf, so trifft sie sich hierin mit einer von Krawietz erhobenen Forderung, der zutreffend darauf hinweist, daß die Analyse juristischer Entscheidungsprozesse nicht allein Desiderat der rechtswissenschaftlichen Grundlagenforschung, sondern ebenso die Aufgabe rechtssoziologischer Untersuchungen sein müsse[362]. Dabei

---

[360] *Achterberg*, Hans Kelsens Bedeutung in der gegenwärtigen deutschen Staatslehre, S. 454.
[361] *Achterberg*, Hans Kelsens Bedeutung, S. 453.
[362] *Krawietz*, Juristische Methodik und ihre rechtstheoretischen Implikationen, S. 14/15.

führt Krawietz die Gefahren, denen eine konventionelle, ihre methodischen Voraussetzungen nur unzureichend reflektierende dogmatisch-exegetische Rechtswissenschaft ausgesetzt ist, eindringlich vor Augen: eine solche Rechtswissenschaft gerate nämlich in die Gefahr, „einer geistigen Isolierung anheimzufallen, wenn sie sich weiterhin darauf beschränkt, selbstgenügsam den Wortlaut von Rechtsnormen zu interpretieren". Damit verliere sie den „Zusammenhang zwischen dem positiven Recht und seinem politischen, wirtschaftlichen und gesellschaftlichen Kontext aus dem Blickfeld ... Das hat zur Folge, daß im Bereich der Didaktik des Rechts juristische Methodenlehre im wesentlichen darauf hinausläuft, den jungen Juristen dadurch zu entmündigen, daß sie ihn auf handwerkliche, an ‚Fällen' geübte Subsumtions- und Interpretationstechniken abrichtet, ohne ihn zugleich in den seiner späteren Verantwortung in der Berufspraxis einzig gemäßen Stand zu versetzen, sich den hochkomplexen Vorgang juristischen Entscheidens analytisch-theoretisch bewußt zu machen und ihn kritisch zu überdenken[363]." Demgegenüber könnte gerade die Reine Rechtslehre mit ihrem in den Erkenntnissen der autonomen Determinante und der Grundnormhypothese implizierten Postulat einer komplementären sozialwissenschaftlichen Auseinandersetzung mit den faktischen Gegebenheiten des vom normativen Recht zu regelnden Seins ein neues Selbstverständnis der Rechtswissenschaft inaugurieren: ein Selbstverständnis, das die Zusammenarbeit mit dem Sozialwissenschaftler als theoretisch zwingend und methodisch notwendig begreift, sich dabei aber ihres eigenständigen, spezifisch rechtlich-normativen Gegenstandes bewußt ist. Die Reine Rechtslehre weist dabei den außerordentlichen Vorzug auf, daß sie, in voller Erkenntnis des Antagonismus zwischen normativ-rechtlichem und explikativ-sozialwissenschaftlichem Theorieansatz in ihrer Eigenschaft als rein normative Rechtsstrukturenlehre gleichwohl im Bereich der autonomen Determinante und der Grundnorm den Ansatzpunkt zur sozialwissenschaftlichen Problemstellung klar und eindeutig enthält[364]. Umgekehrt kann der Rechtswissenschaftler, der das hier vertretene Verständnis des interdisziplinären Kooperationserfordernisses teilt, auf Entgegenkommen von der sozialwissenschaftlichen Seite vertrauen. So wirkt in dieser Hinsicht Schelskys Aufforderung an die Sozialwissenschaft, die Zusammenarbeit mit der Rechtswissenschaft als notwendige Aufgabe aufzufassen, sehr ermutigend, um so mehr, als

---

[363] *Krawietz*, Juristische Methodik und ihre rechtstheoretischen Implikationen, S. 23/24.
[364] Vgl. dazu *Schelsky*, Systemfunktionaler, anthropologischer und personfunktionaler Ansatz der Rechtssoziologie, in: Die Funktion des Rechts in der modernen Gesellschaft, Jahrbuch für Rechtssoziologie und Rechtstheorie, Bd. 1 (1970), S. 42, der für den sozialwissenschaftlichen Bereich auf die Möglichkeit antagonistischer Theorieansätze hinweist.

Schluß

die von Schelsky angesprochene Problematik genau diejenige ist, die in der Strukturerkenntnis der autonomen Determinante zum Ausdruck kommt: „Daß zwischen der Absicht des Gesetzgebers, dem ‚Sinn der Gesetze', einerseits und dem Vollzug der Gesetze, der Rechtswirklichkeit, immer wieder erhebliche Lücken und Dissonanzen klaffen, die aufzuklären das eigentliche Geschäft der empirischen Rechtssoziologie wäre, begründet ihren wissenschaftlichen Anspruch; aber gerade deswegen muß sie sich auf eine Klärung des ‚Sinns der Gesetze' mit der dogmatisch-hermeneutischen Jurisprudenz vor aller darauf zielenden empirischen Datenerhebung interdisziplinär einlassen[365]."

Die vorliegende Arbeit glaubt sich mit diesem Ergebnis, die autonome Determinante ebenso wie die Grundnormproblematik als Ausdruck der theoretischen Notwendigkeit einer interdisziplinären Zusammenarbeit zwischen normativer Rechtswissenschaft und explikativen Sozialwissenschaften zu begreifen — wobei ein solcher Methodenpluralismus, wie gezeigt, nichts mit einem Methodensynkretismus zu tun hat —, grundsätzlich auf die Reine Rechtslehre, insbesondere auf die Stufenbautheorie Merkls und Kelsens berufen zu können. Die ausführlichen, häufig wörtlichen Zitierungen der Ausführungen beider Autoren sollten dabei vor allem deutlich machen, daß der Verfasser dieser Arbeit in keiner Weise das System der Reinen Rechtslehre verlassen will, sondern sich mit diesem Beitrag ausdrücklich zur Rechtstheorie Hans Kelsens und Adolf Merkls bekennt.

---

[365] *Schelsky*, Soziologiekritische Bemerkungen zu gewissen Tendenzen von Rechtssoziologen, in: Zur Effektivität des Rechts, Jahrbuch für Rechtssoziologie und Rechtstheorie, Bd. 3 (1972), S. 605; vgl. dazu vor allem oben Teil 2, § 4, 3.

Literaturverzeichnis

Achterberg, Norbert: Probleme der Funktionenlehre. München 1972. (Münchener Öffentlich-Rechtliche Abhandlungen, 5. Heft).
— Kriterien des Gesetzesbegriffs unter dem Grundgesetz, DÖV 1973, S. 289 ff.
— Hans Kelsens Bedeutung in der gegenwärtigen deutschen Staatslehre, DÖV 1974, S. 445 ff.
— Kelsen und Marx, Politik und Kultur 1975, S. 40 ff.

Die Wiener Rechtstheoretische Schule, Herausgegeben von Hans Klecatsky, René Marcic, Herbert Schambeck, Wien 1968, (Verweisungen auf diese Sammlung der Schriften Kelsens, Merkls und Verdross' werden hier wie im Text mit der Abkürzung WRS bezeichnet.)

Fechner, Erich: Ideologische Elemente in positivistischen Rechtsanschauungen, dargestellt an Hans Kelsens „Reiner Rechtslehre". ARSP, Beiheft Neue Folge Nr. 6 (1970), Sein und Sollen im Erfahrungsbereich des Rechts, Hrsg. P. Schneider, S. 199 ff.

Hauser, Raimund: Norm, Recht und Staat. Wien 1968. (Forschungen aus Staat und Recht, Bd. 6).

Henkel, Heinrich: Einführung in die Rechtsphilosophie. München 1964.

Herzog, Roman: Allgemeine Staatslehre. Frankfurt 1971.

v. Hippel, Ernst: Allgemeine Staatslehre. Berlin, Frankfurt 1963.

Kant, Immanuel: Prolegomena. Unveränderter Nachdruck Hamburg 1965. (Philosophische Bibliothek, Bd. 40.)

Kelsen, Hans: Hauptprobleme der Staatsrechtslehre. 1. Auflage Tübingen 1911, 2. Auflage Tübingen 1923.
— Über Grenzen zwischen juristischer und soziologischer Methode. Tübingen 1911, abgedruckt in WRS S. 3 ff.
— Über Staatsunrecht, Grünhutsche Zeitschrift für das Privat- und öffentliche Recht der Gegenwart, Bd. 40 (1913), S. 1 ff., abgedruckt in WRS S. 957 ff.
— Zur Lehre vom öffentlichen Rechtsgeschäft, AöR 31 (1913), S. 53 ff.
— Reichsgesetz und Landesgesetz nach der österreichischen Verfassung, AöR 32 (1914), S. 202 ff.
— Die Rechtswissenschaft als Norm- oder als Kulturwissenschaft, Schmollers Jahrbuch für Gesetzgebung, Verwaltung und Volkswirtschaft im Deutschen Reiche, 40. Jahrgang (1916), S. 1181 ff., abgedruckt in WRS S. 37 ff.
— Vom Wesen und Wert der Demokratie, Archiv für Sozialwissenschaft und Sozialpolitik, Bd. 47 (1920), S. 50 ff.
— Das Problem der Souveränität und die Souveränität des Völkerrechts. Tübingen 1920, 2. Aufl. Tübingen 1928.

Kelsen, Hans: Staat und Recht. Kölner Vierteljahresschrift für Soziologie, 2. Jahrgang (1922), S. 18 ff., abgedruckt in WRS S. 149 ff.
— Der soziologische und der juristische Staatsbegriff. Tübingen 1922, 2. Aufl. Tübingen 1928.
— Die Lehre von den drei Gewalten oder Funktionen des Staates. Kant-Festschrift. Archiv für Rechts- und Wirtschaftsphilosophie, Bd. 12 (1923/24), S. 374 ff., abgedruckt in WRS S. 1625 ff.
— Allgemeine Staatslehre. Berlin 1925. (Enzyklopädie der Rechts- und Staatswissenschaft — Abteilung Rechtswissenschaft, Bd. 23.)
— Die philosophischen Grundlagen der Naturrechtslehre und des Rechtspositivismus. Philosophische Vorträge, veröffentlicht von der Kant-Gesellschaft, Heft 31 (1928), abgedruckt in WRS S. 281 ff.
— Wesen und Entwicklung der Staatsgerichtsbarkeit. Verhandlungen der Deutschen Staatsrechtslehrer, Heft 5 (1929), S. 30 ff., abgedruckt in WRS S. 1813 ff.
— Justiz und Verwaltung. Zeitschrift für soziales Recht, 1. Jahrgang (1929), S. 1 ff., abgedruckt in WRS S. 1781 ff.
— Zur Theorie der Interpretation. Internationale Zeitschrift für Theorie des Rechts, Bd. 8 (1934), S. 9 ff., abgedruckt in WRS S. 1363 ff.
— General Theory of Law and State. Cambridge 1945. (20th Century Legal Philosophy Series: Vol. I.)
— Was ist ein Rechtsakt? ÖZÖR 4 (1951/52), S. 263 ff., abgedruckt in WRS S. 1381 ff.
— Was ist die Reine Rechtslehre? Demokratie und Rechtsstaat, Festschrift Giacometti, Zürich 1953, S. 143 ff., abgedruckt in WRS S. 611 ff.
— Der Begriff der Rechtsordnung. Logique et Analyse, Nouvelle Série, 1e année (1958), S. 155 ff., abgedruckt in WRS S. 1395 ff.
— Vom Geltungsgrund des Rechts. Völkerrecht und rechtliches Weltbild, Festschrift Verdross, 1960, S. 157 ff., abgedruckt in WRS S. 1417 ff.
— Adolf Merkl zu seinem siebzigsten Geburtstag, ÖZÖR 10 (1960), S. 313 ff.
— Reine Rechtslehre. Wien 2. Auflage 1960.
— Die Grundlagen der Naturrechtslehre, ÖZÖR 13 (1963), S. 1 ff., abgedruckt in WRS S. 869 ff.
— Die Selbstbestimmung des Rechts. Universitas, Zeitschrift für Wissenschaft, Kunst und Literatur, 18. Jahrgang (1963), S. 1087 ff., abgedruckt
— Die Funktion der Verfassung. Forum, 11. Jahrgang (1964), S. 583 ff., abgedruckt in WRS S. 1971 ff.
— Zum Begriff der Norm. Festschrift Nipperdey, München u. Berlin 1965, S. 57 ff., abgedruckt in WRS S. 1455 ff.
in WRS S. 1445 ff.
— Recht und Logik. Forum, 12. Jahrgang (1965), S. 421 ff., abgedruckt in WRS S. 1469 ff.

Klug, Ulrich: Die Reine Rechtslehre von Hans Kelsen und die formallogische Rechtfertigung der Kritik an dem Pseudoschluß vom Sein auf das Sollen. Law, State, and International Legal Order. Essays in Honor of Hans Kelsen. Knoxville 1964, S. 153 ff.

Krawietz, Werner: Grundnorm. Historisches Wörterbuch der Philosophie, Bd. 3, hrsg. von Joachim Ritter. Basel, Stuttgart 1974.

Krawietz, Werner: Juristische Methodik und ihre rechtstheoretischen Implikationen. Jahrbuch für Rechtssoziologie und Rechtstheorie, Bd. 2: Rechtstheorie als Grundlagenwissenschaft der Rechtswissenschaft, S. 12 ff.

Kunz, Josef: Rezension von: Sander, Staat und Recht, AöR 44 (1923), S. 249 ff.

Larenz, Karl: Methodenlehre der Rechtswissenschaft. 3. Auflage (neu bearbeitet) Berlin 1975.

Merkl, Adolf Julius: Die Unveränderlichkeit von Gesetzen — ein normlogisches Prinzip. Juristische Blätter, 46. Jahrgang (1917), S. 97 ff., 109 ff., abgedruckt in WRS S. 1079 ff.

— Die Rechtseinheit des österreichischen Staates, AöR 37 (1917), S. 56 ff., abgedruckt in WRS S. 1115 ff.

— Das Recht im Lichte seiner Anwendung. Deutsche Richterzeitung, 9. Jahrgang (1917), Sonderabdruck, S. 3 ff., abgedruckt in WRS S. 1167 ff.

— Das doppelte Rechtsantlitz. Juristische Blätter, 47. Jahrgang (1918), S. 425 ff., 444 ff., 463 ff., abgedruckt in WRS S. 1091 ff.

— Staatszweck und öffentliches Interesse. Verwaltungsarchiv, Bd. 27 (1919), S. 268 ff., abgedruckt in WRS S. 1559 ff.

— Hans Kelsens System einer reinen Rechtstheorie, AöR 41 (1921), S. 171 ff., abgedruckt in WRS S. 1243 ff.

— Gesetzesrecht und Richterrecht. Wissenschaftliche Vierteljahresschrift der Prager Juristischen Zeitschrift, 2. Jahrgang (1922), S. 337 ff., abgedruckt in WRS S. 1615 ff.

— Die Lehre von der Rechtskraft. Leipzig, Wien 1923. (Wiener Staatswissenschaftliche Studien, 15. Bd., 2. Heft.)

— Das Problem der Rechtskontinuität und die Forderung des einheitlichen rechtlichen Weltbildes, ZÖR 4 (1926), S. 497 ff., abgedruckt in WRS S. 1267 ff.

— Allgemeines Verwaltungsrecht. Wien 1927.

— Prolegomena einer Theorie des rechtlichen Stufenbaues. Gesellschaft, Staat und Recht, Festschrift Kelsen, Wien 1931, S. 252 ff., abgedruckt in WRS S. 1311 ff.

Nawiasky, Hans: Allgemeine Rechtslehre als System der rechtlichen Grundbegriffe. Einsiedeln. 2. Aufl. 1948.

— Allgemeine Staatslehre, 1. Teil: Grundlegung. Einsiedeln, Köln 1945.

Neidert, Rudolf: Sein und Sollen im Erfahrungsbereich des Rechtes, DÖV 1967, S. 846 f.

Öhlinger, Theo: Der völkerrechtliche Vertrag im staatlichen Recht. Wien 1973.

— Der Stufenbau der Rechtsordnung. Wien 1975.

Pitamic, Leonidas: Denkökonomische Voraussetzungen der Rechtswissenschaft, ÖZÖR 3 (1917), S. 339 ff.

— Plato, Aristoteles und die reine Rechtstheorie, ÖZÖR 2 (1921), S. 683 ff.

— Kritische Bemerkungen zum Gesellschafts-, Staats- und Gottesbegriff bei Kelsen, ÖZÖR 3 (1922/23), S. 531 ff.

— Die Frage der rechtlichen Grundnorm. Völkerrecht und rechtliches Weltbild, Festschrift Verdross, 1960, S. 207 ff.

Literaturverzeichnis

Rupp, Hans Heinrich: Grundfragen der heutigen Verwaltungsrechtslehre. Tübingen 1965. (Tübinger Rechtswissenschaftliche Abhandlungen, Bd. 15.)

Schelsky, Helmut: Systemfunktionaler, anthropologischer und personenfunktionaler Ansatz der Rechtssoziologie. Jahrbuch für Rechtssoziologie und Rechtstheorie, Bd. 1 (1970): Die Funktion des Rechts in der modernen Gesellschaft, S. 39 ff.

— Soziologiekritische Bemerkungen zu gewissen Tendenzen von Rechtssoziologen. Jahrbuch für Rechtssoziologie und Rechtstheorie, Bd. 3 (1972): Zur Effektivität des Rechts, S. 603 ff.

Schneider, Peter: Vorwort zu: Sein und Sollen im Erfahrungsbereich des Rechtes, ARSP Beiheft Neue Folge Nr. 6 (1970), S. 1 ff.

Schreiber, Hans Ludwig: Der Begriff der Rechtspflicht. Berlin 1966.

Verdross, Alfred: Zum Problem der Rechtsunterworfenheit des Gesetzgebers. Juristische Blätter, 45. Jahrgang (1916), S. 471 ff., 483 ff., abgedruckt in WRS S. 1545 ff.

— Die Rechtstheorie Hans Kelsens. Juristische Blätter, 59. Jahrgang (1930), S. 421 ff., abgedruckt in WRS S. 1301 ff.

Walter, Robert: Der Stufenbau nach der derogatorischen Kraft im österreichischen Recht, ÖJZ 1965, S. 169 ff.

— Der gegenwärtige Stand der Reinen Rechtslehre. Rechtstheorie Bd. 1 (1970), S. 69 ff.

— Der Aufbau der Rechtsordnung. 2. Aufl. Wien 1974.

Printed by Libri Plureos GmbH
in Hamburg, Germany